Jana Koch-Krawczak

»Du verreckst schon nicht!«

Jana Koch-Krawczak

»Du verreckst schon nicht!«

Wie mich meine Mutter in die Kriminalität und Prostitution trieb

mvgverlag

Bibliografische Information der Deutschen Nationalbibliothek
Die Deutsche Nationalbibliothek verzeichnet diese Publikation in der Deutschen Nationalbibliografie. Detaillierte bibliografische Daten sind im Internet über **http://d-nb.de** abrufbar.

Für Fragen und Anregungen:
info@mvg-verlag.de

3. Auflage 2021

Türkenstraße 89
80799 München
Tel.: 089 651285-0
Fax: 089 652096

Textbearbeitung: Dr. Elke Jahnke, Stuttgart
Redaktion: Kerstin Weber, Rosenheim
Umschlaggestaltung: Pamela Günther
Umschlagabbildung: Friedrich/www.fredmcfar.com
Satz: Grafikstudio Foerster, Belgern
Druck: Sowa Sp. z. o. o., Polen
Printed in the EU

ISBN Print 978-3-86882-287-8
ISBN E-Book (PDF) 978-3-86415-318-1
ISBN E-Book (EPUB, Mobi) 978-3-86415-319-8

Inhalt

1 Ausgeliefert – In den Fängen meiner Eltern 7

2 Behütet – Unter den Fittichen meines Schutzengels 23

3 Ausgestoßen – Der Terror meiner Mutter 41

4 Aufgenommen – Im Schoß meiner Bande 69

5 Abgeschrieben – Der Weg in die Kriminalität 99

6 Angeworben – In der Abwärtsspirale in die Prostitution 133

7 Aufgeputscht – Am Rande des Abgrunds 159

8 Entkommen – Flucht nach Deutschland 177

9 Geschafft! – Das glückliche Ende 195

Alles, was in diesem Buch beschrieben wird, ist tatsächlich so passiert. Zum Schutz der vorkommenden Personen wurden alle Namen sowie einige Orte und Details geändert.

1. KAPITEL

Ausgeliefert – In den Fängen meiner Eltern

Leise huschte ich ins Badezimmer. Mit fliegenden Fingern durchwühlte ich die Schubladen. Wo waren bloß die Rasierklingen meines Stiefvaters? Da! Gefunden! Einen Augenblick lang zögerte ich, doch die Verzweiflung trieb mich an. Ich nahm eine der Klingen und schlich in mein Zimmer zurück. »Jetzt wird sich alles ändern! Mama liebt mich! Sie wird sich um mich kümmern und mich pflegen!«, ging es mir unablässig durch den Kopf. Wie sehr sehnte ich mich nach ihrer Liebe! Für ein Lächeln, ein freundliches Wort oder gar eine Umarmung hätte ich alles getan. »Ja! Alles wird gut!«, machte ich mir noch einmal Mut. Dann setzte ich die Rasierklinge an und schnitt mir damit quer über den linken Unterarm. Die scharfe Klinge drang tief in mein Fleisch ein. Ein schrecklicher Schmerz durchfuhr mich. Mein Arm zuckte unwillkürlich zurück. »Mach weiter!«, befahl ich mir selbst. »Los! Weiter!« Gehorsam zog meine Hand ein paar Zentimeter höher erneut die Klinge über den Arm. Wieder dieser schreckliche Schmerz. In Sekundenschnelle färbte sich das weiße Fleisch blutrot. Mir wurde schwindelig. In meinen Ohren rauschte es. Doch meine Hand machte immer weiter. Als mein linker Unterarm voller Schnittwunden war, wandte ich mich dem rechten zu. Halb ohnmächtig vor Schmerz betrachtete ich schließlich meine beiden blutverschmierten Arme. Tapfer ertrug ich die Qualen, würde ich damit doch endlich die Liebe meiner Mutter wecken. Am nächsten Morgen, sobald mein Stiefvater zur Arbeit gegangen war, wollte ich ihr die Wunden zeigen. Nun aber musste ich zunächst die Blutungen stillen, was mir jedoch einfach nicht gelingen wollte. Unaufhörlich strömte das Blut an meinen Armen herab. Was sollte ich nur tun? Panik ergriff mich. Ohne zu überlegen, rannte ich zu meiner Mutter ins Wohnzimmer und streckte ihr wortlos meine Arme entgegen. Sie warf nur einen angewiderten Blick darauf, dann schrie sie mich an: »Du dämliche Idiotin! Warum hast du das getan?« »Für dich Mama! Ich habe es für dich getan!«, flüsterte ich schüchtern. Für einen Moment keimte in mir die Hoffnung auf, dass meine Mutter sich doch noch erschrecken, mir beruhigende Worte zuflüstern und mich schnellstens ins Krankenhaus fahren würde. Aber dieses Wunder geschah nicht. Stattdessen hob sie ihren rechten Arm, holte aus und schlug mir mit voller Wucht ins Gesicht. Tränen stiegen in mir hoch, doch ich schluckte sie hinunter. Ich hatte mir schon lange abgewöhnt, vor ihr zu weinen, weil meine Tränen sie stets noch zorniger machten. Ohne ein weiteres Wort drehte ich mich um und rannte erneut ins Badezimmer. Ich nahm mir zwei Hemden von dem Berg dreckiger Wäsche, der dort seit Wochen lag, und wickelte sie um meine Arme. Nach einer Weile stellte ich erleichtert fest, dass die Wunden nicht mehr bluteten.

Ein paar Tage später bekam ich Fieber. Meine Wunden hatten sich fürchterlich entzündet und meine Arme schwollen so stark an, dass ich die Hände nicht mehr bewegen konnte. Sie waren wie zwei pralle Luftballons kurz vor dem Zerplatzen. Nicht einmal eine Scheibe Brot konnte ich halten. Während ich in meinem Zimmer vor mich hindämmerte, hungrig und durstig, verschlechterte sich die Stimmung meiner Mutter zusehends. Allerdings nicht aus Sorge um mich, sondern weil ich ihr in meinem Zustand keine neuen Tabletten beschaffen konnte. Voller Angst wartete ich auf den Moment, bis sie wieder ausrasten würde. Tatsächlich dauerte es nicht lange, und sie stürmte mit wütendem Gesicht in mein Zimmer, packte mit einer Hand mein Haar und zerrte mich über den Boden, während sie mit der anderen Faust wie wild auf meinen Schädel einhämmerte. Unwillkürlich hob ich meine zerschnittenen Arme, um meinen Kopf zu schützen. Ihre Fausthiebe trafen meine Wunden, und sie platzten auf. Ich spürte, wie die warme, eitrige Flüssigkeit über meine Arme rann und die Ärmel meiner Bluse komplett durchnässte. »Hör auf, Mama! Bitte hör auf!«, flehte ich unter fürchterlichen Schmerzen. Doch vergeblich. Unablässig prügelte sie weiter auf mich ein. Schließlich gelang es mir mit letzter Kraft, mich von ihr loszureißen und aus der Wohnung zu stürmen. Völlig aufgelöst und ohne zu wissen wohin, rannte ich die Straße entlang. »Nichts wird sich ändern! Gar nichts!«, schluchzte ich verzweifelt und ließ meinen Tränen endlich freien Lauf. Was ich auch versuchte, nie würde meine Mutter mir jene Liebe und Geborgenheit schenken, nach der meine gequälte Seele sich so sehr sehnte. Ich fühlte mich unendlich einsam, hilflos und leer. Kein Mensch schien sich für mich zu interessieren. Niemand achtete darauf, ob ich regelmäßig zu essen bekam und wie es mir in der Schule erging. Keiner beschützte mich vor den grausamen Schlägen meiner Mutter. Dabei war ich doch erst 13!

Bereits vor jenem Erlebnis war meine Kindheit alles andere als behütet gewesen. Ich wurde 1978 in Polen geboren, in einer Stadt östlich von Danzig. Damals mussten die Menschen oft

Schlange stehen, um Lebensmittel oder Kleidung kaufen zu können. Kaffee, Schokolade und Toilettenpapier bekam man – wie in Deutschland nach dem Zweiten Weltkrieg – nur gegen Vorlage entsprechender Marken. Da in der Stadt keine Industrie ansässig war, verdienten die Leute ihr Geld – dank einiger historischer Sehenswürdigkeiten – hauptsächlich durch den Tourismus. Wer jedoch im Fremdenverkehr keine Arbeit fand, hatte schlechte Karten, denn andere Beschäftigungsmöglichkeiten existierten kaum. Deshalb gab es nach dem Fall des Eisernen Vorhangs zahlreiche Arbeitslose, von denen nicht wenige zur Flasche griffen. Das zeigte sich besonders in der Altstadt und im Park, in dem häufig betrunkene, verwahrlost aussehende Gestalten umhertorkelten. Nicht weit von der Wohnsiedlung entfernt, in der ich mit meinen Eltern in einer kleinen Dreizimmerwohnung gelebt hatte, befanden sich eine Entzugsklinik, eine Psychiatrie sowie mehrere Polizeidienststellen. Und es war ein offenes Geheimnis, dass einige der Arbeitslosen kriminellen Geschäften nachgingen.

Auch mein Vater war Alkoholiker, und das weit vor dem Ende des Kommunismus. Wenn er endlich einmal eine Stelle als Lkw-Fahrer gefunden hatte, verlor er sie kurze Zeit später schon wieder wegen Trunkenheit am Steuer. Er war groß, blond, durchtrainiert und besaß sogar den schwarzen Gürtel im Judo. In unserem Viertel hatte er den Ruf eines brutalen Schlägers, dem man besser aus dem Weg ging. Denn selbst ohne Provokation ließ er seinen Aggressionen freien Lauf und schlug schnell zu, was ich viele Male am eigenen Leib zu spüren bekam. Zu Kindern hatte er keinerlei Bezug. Als Kleinkind war ich für ihn nichts weiter als eine lebendige Puppe, mit der er seine sadistischen Spielchen treiben konnte. Ich erinnere mich beispielsweise daran, wie meine Eltern mit mir, als ich drei Jahre alt war, in einem nahe gelegenen Waldstück spazieren gingen. Dort gab es eine Brücke, die über einen breiten Fluss mit starker Strömung führte. Als wir mitten auf der Brücke waren, riss mein Vater mich plötzlich hoch und ließ mich jenseits des Geländers über den reißenden Fluten baumeln. Das bedrohlich laute Rauschen des Wassers versetzte mich in Todesangst und ich begann zu brüllen. »Papa, nein! Bitte! Mama, Mama, hilf mir!«, flehte ich in das schallende Gelächter meines Vaters hinein. Meine Oma hatte mir eingeschärft, niemals zu nahe an den Fluss zu gehen, und jetzt konnte ich das Wasser schon fast an meinen Zehenspitzen spüren! Doch auch meine Mutter griff nicht ein. Sie lachte nur ebenfalls aus vollem Hals, während ich panisch über den unheilvollen Wassermassen strampelte. Erbarmungslos ließ mein Vater mich so lange weiterzappeln, bis ich vor Erschöpfung nicht mehr schreien konnte und nur noch leise wimmerte. Es kam mir wie eine Ewigkeit vor, bis er mich endlich wieder über das Brückengeländer hob. Ich weiß noch, dass ich am ganzen Leib zitterte, als ich festen Boden unter meinen Füßen spürte. Von diesem Tag an schlug mir jedes Mal das Herz bis zum Hals, wenn ich das Wort »Spaziergang« hörte. Am liebsten hätte ich mich dann auf wundersame Weise unsichtbar gemacht, wie die Figuren im Märchen. Doch in der traurigen Wirklichkeit gab es für mich kein Entrinnen. Ich war meinen Eltern ausgeliefert.

Bei meiner Geburt war meine Mutter 21 Jahre alt gewesen. Bis zu ihrer Heirat hatte sie bei meiner Großmutter gelebt und es sich bei ihr gut gehen lassen. Gearbeitet hat sie nie. Auch als Hausfrau verspürte sie wenig Neigung, die anfallenden Tätigkeiten zu erledigen. Ihr Lieblingsplatz war der Sessel vor dem Fernseher. Unsere dreckige Wäsche stopfte sie einmal pro Woche in große Taschen und brachte sie zu ihrer Mutter, die sich auch um unser Mittagessen kümmerte. Meine Oma wohnte ganz in der Nähe, nur durch einen kleinen Park von uns getrennt, und sobald ich alt genug war, gehörte es zu meinen täglichen Pflichten, unser Essen bei ihr abzuholen. Außer zu meiner Oma und meinem Vater hatte meine Mutter zu kaum jemandem Kontakt. Aufgrund ihrer scharfen Zunge und ihrer Vorliebe für Klatsch und Tratsch gingen alle Freundschaften schnell in die Brüche, und auch unsere Nachbarn wahrten ihr gegenüber Distanz. Und so machte mein Vater sie mit seinem engsten Freund bekannt, der schon bald auch zu ihrem ständigen Gefährten werden sollte: dem Wodka.

Jedes Wochenende fand bei uns zu Hause das gleiche Drama statt: Samstags füllten sich meine Eltern so lange mit Wodka ab, bis sie volltrunken ins Bett sanken. Sonntags schliefen sie dann meist bis in den Nachmittag hinein ihren Rausch aus. Während sie im Bett vor sich hin dämmerten, setzte ich mich oft ans Küchenfenster, um die Familien auf den gegenüberliegenden Grünflächen zu beobachten: Eltern, die ihren Kindern liebevoll über den Kopf strichen, mit ihnen Ball spielten oder mit ihnen zusammen einen selbst gebackenen Kuchen aßen. Wenn ich das glückliche Lächeln auf ihren Gesichtern sah, wurde ich immer trauriger. Wie gern wäre ich an ihrer Stelle gewesen! Stattdessen verbrachte ich Wochenende für Wochenende in völliger Einsamkeit. Niemand richtete auch nur ein Wort an mich. Keiner aß mit mir zu Mittag. Spielsachen besaß ich auch keine, nicht einmal eine Puppe, die mir hätte Gesellschaft leisten können.

Ich war sechs Jahre alt, als ich wieder einmal stundenlang allein vor dem Fenster gesessen hatte. Schließlich nahm ich all meinen Mut zusammen und betrat das Schlafzimmer meiner Eltern. Unschlüssig stand ich vor ihrem Bett, bis ich mich dazu durchrang, sie zu wecken. »Mama? Papa? Darf ich bitte in ein Kinderheim?«, bat ich vorsichtig. Meine Eltern schauten sich einen Augenblick lang verdutzt an. Dann brachen sie in schallendes Gelächter aus, so amüsant fanden sie offenbar meine Bitte. Ich hingegen schlich mit hängenden Schultern wieder aus dem Zimmer. In einem Kinderheim, so dachte ich mir, würde es doch bestimmt Erwachsene geben, die sich um einen kümmerten. Und vor allem andere Kinder, mit denen ich spielen und Spaß haben könnte. Mehr wünschte ich mir ja gar nicht!

In einem Kinderheim hätte ich auch nicht immer wieder mitansehen müssen, wie zwei Erwachsene im Vollrausch aufeinander losgingen. Die wüsten Beschimpfungen meiner Eltern mündeten ziemlich schnell in brutale Handgreiflichkeiten, die erst dann endeten, wenn einer von ihnen bewusstlos am Boden lag. Anfangs verfolgte ich ihre Prügeleien noch verstohlen von der Wohnzimmertür aus. »Halt die Klappe, du Dreckstück!«, schnauzte mein Vater meine Mutter an, und schon klatschte er ihr eine Ohrfeige ins Gesicht. »Scheißkerl! Dir werd ich's zeigen!«, schrie meine Mutter daraufhin, stürmte in die Küche und kam mit einer schweren Eisenpfanne zurück, die sie meinem Vater auf den Kopf knallte. Mit schmerzverzerrtem Gesicht stieß mein Vater meine Mutter von sich. Sie fiel rücklings auf die Couch, rappelte sich leicht schwankend wieder auf und stürzte sich erneut mit der Pfanne auf ihn, um ihm den nächsten Schlag zu verpassen. Mein Vater torkelte etwas, während meine Mutter in blinder Wut zu einem weiteren Hieb ausholte … Fast immer floss Blut. Als ich meinen Vater einmal ohnmächtig in einer Blutlache liegen sah, dachte ich, er wäre tot. Jedes Mal hatte ich schreckliche Angst, dass sie einander umbringen würden. Doch ich konnte nichts weiter tun, als hilflos zusehen. Wenn ich etwas gesagt hätte, wären sie in ihrem Rausch vielleicht auf mich losgegangen. Deshalb zog ich es nach einer Weile vor, mich unter meinem Bett zu verstecken, bis das Geschrei und Gepolter im Wohnzimmer vorbei war. Hin und wieder alarmierten unsere Nachbarn die Polizei – und dann machte mein Herz vor Freude einen kleinen Hüpfer. Denn während die Polizisten meine Eltern zur Ausnüchterung mit aufs Revier nahmen, durfte ich zu meiner Oma, die sich stets liebevoll um mich kümmerte.

Davon konnte bei meinen Eltern nicht die Rede sein. Ich musste sie sogar zu ihren dubiosen Verabredungen in den Park begleiten. »Ich bringe eine Flasche Wodka mit«, pflegte mein Vater seinem Arbeitskollegen oder Bekannten anzukündigen, sodass dieser von einer fröhlichen Zecherei im Grünen ausging. Ich aber wusste es bereits besser! Sobald der andere sein Wodkaglas geleert hatte, füllte mein Vater es gleich wieder auf. Auch sich selbst goss er nach, doch während der Alkohol die Sinne des anderen mehr und mehr vernebelte, kippte mein Vater den Inhalt seines Glases bei jeder Runde unauffällig hinter sich ins Gestrüpp. Meine Mutter und er warfen sich vielsagende Blicke zu: »Zwei, drei Gläser noch. Dann haben wir ihn so weit.« Mit klopfendem Herzen beobachtete ich sie von meinem Unterschlupf im Gebüsch aus. Wenn sich der Betrunkene kaum noch auf den Beinen halten konnte, reichte mein Vater meiner Mutter die Wodkaflasche, holte aus und schlug dem Mann mit der Faust mitten ins Gesicht. Völlig überrascht fiel dieser nach hinten um. Schon legte mein Vater nach und versetzte ihm weitere Schläge in den Magen, bis der Mann sich vor Schmerzen am Boden krümmte. Daraufhin durchsuchte mein Vater die Taschen des Betrunkenen und stopfte sich das Geld, das er fand, mit einem zufriedenen Lächeln in die eigene Hosentasche. Währenddessen zog meine Mutter mich aus dem Gebüsch heraus und schleifte mich ohne einen weiteren Blick auf das Opfer nach Hause.

Ärger mit der Polizei hatte mein Vater nicht zu befürchten, da die Ausgeraubten auf eine Anzeige verzichteten. Sein Ruf als brutaler Schläger machte sich im wahrsten Sinne des Wortes bezahlt: Die Männer bewahrten Stillschweigen und nahmen lieber die Schmerzen und den Verlust ihres Geldes hin, als das Risiko einzugehen, von meinem Vater aus Rache zu Tode geprügelt zu werden.

Ganz ohne Folgen blieben die Orgien meiner Eltern jedoch nicht. Wenn sie sich wieder einmal vollgesoffen hatten, bekam meine Mutter oft mitten in der Nacht eine Panikattacke. Mit schweißnassem Gesicht rang sie nach Luft und röchelte so schrecklich, dass mein Vater den Notarzt rief. Manchmal übernahm das auch Großmutter. Hin und wieder schaute sie bei uns vorbei, wenn sie zu später Stunde noch eine kleine Runde mit ihrem Schäferhund drehte. Sie ahnte dann wohl schon, dass meine Eltern sich wieder hatten volllaufen lassen, und wollte nach dem Rechten sehen. Wenn meine Mutter in diesem Zustand war, hatte ich jedes Mal fürchterliche Angst, dass sie sterben könnte. Ich war fest davon überzeugt, dass sie todkrank war. Erst recht, als meine Mutter immer wieder plötzlich in Ohnmacht fiel. Manchmal geschah es mitten auf der Straße oder beim Einkaufen. Wenn der Krankenwagen dann mit ihr wegfuhr und ich allein zurückblieb, rannte ich so schnell ich konnte zu meiner Oma. Bei ihr, das wusste ich, würde ich immer Trost finden.

Der Alkohol war nicht das einzige Gift, mit dem meine Mutter ihren Körper ruinierte. Als ich fünf Jahre alt war, fing sie an, Beruhigungstabletten zu schlucken. Vielleicht litt sie zunehmend unter den brutalen Übergriffen meines Vaters, vielleicht war ihre Nervosität auch auf den Alkohol zurückzuführen. Jedenfalls fiel mir auf, dass sie mehrmals täglich in ihre Hosentasche griff, um ein kleines Röhrchen mit Tabletten hervorzuholen. »Die brauche ich gegen mein Asthma«, erklärte sie mir barsch, als sie einmal bemerkte, wie ich sie dabei beobachtete.

Mit der Zeit wurde meine Mutter immer übellauniger. Als ich in die Grundschule kam, verlangte sie von mir absolute Perfektion. »Deine Schrift ist hässlich! Die kann ja keiner lesen!«, schnauzte sie mich oft an, wenn ich Schönschreibübungen machte. »Los, noch mal!« Und ehe ich mich versah, hatte sie die betreffende Seite aus meinem Heft herausgerissen. Gehorsam fing ich noch mal von vorn an. Meist beugte sie sich kurz darauf erneut über mich und keifte: »Das ist ja kein bisschen besser! Du bist einfach zu blöd!« Schon war mein Heft um eine weitere Seite ärmer. Auf diese Weise terrorisierte sie mich manchmal den ganzen Nachmittag über, bis mein ursprünglich 16-seitiges Heft schließlich nur noch aus vier kümmerlichen Seiten bestand. »Was ist denn mit deinem Schulheft passiert?«, fragte mich meine Lehrerin dann am nächsten Tag. Vor Scham lief ich rot an, aber ich traute mich nicht, ihr die Wahrheit zu sagen. Nach einer Weile hörte sie auf, mich danach zu fragen.

Wenn meine Mutter nicht zu Hause war, hatte ich allerdings noch mehr Angst. Meistens zog ich mich ins Wohnzimmer zurück und schaltete den Fernseher ein, um mich davon abzulenken, dass ich mit meinem Vater allein war. So auch an jenem Nachmittag, als ich bereits in die zweite Klasse ging und meine Mutter Besorgungen machte. Um meinen Vater nicht zu stören, stellte ich den Fernseher ganz leise, denn in unserer kleinen Wohnung waren die Räume sehr hellhörig. Nach einer Weile hörte ich komische Geräusche, die aus dem Schlafzimmer kamen. Es klang, als ob jemand stöhnte. »Vielleicht ist mit Papa etwas nicht in Ordnung?«, überlegte ich. Ich stand auf und schlich zum Schlafzimmer. Als ich die Tür vorsichtig einen Spalt breit öffnete, erspähte ich als Erstes den nackten Oberkörper meines Vaters im Ehebett meiner Eltern. Doch er war nicht allein: Unter ihm lag unsere Nachbarin. Verwirrt schloss ich die Tür wieder.

Diese seltsame Beobachtung ging mir natürlich nicht mehr aus dem Kopf. Am Abend erzählte ich meiner Mutter in der Küche, was ich gesehen hatte. Mit jedem Satz verfinsterte sich ihr Gesicht mehr, ihre Augen verwandelten sich in schmale Schlitze und ihre Nasenflügel bebten. Plötzlich riss sie ruckartig eine Schranktür auf, holte einen Topf nach dem anderen heraus und schleuderte sie mit voller Wucht auf den Boden. Bei jedem Knall zuckte ich zusammen. Ich hoffte inständig, dass sie ihre Wut nicht an mir auslassen würde. Doch da stürmte sie auch schon ins Wohnzimmer, wo mein Vater gerade vor dem Fernseher saß. »Du Scheißkerl, nicht genug damit, dass du keine Arbeit hast, jetzt betrügst du mich auch noch!«, schrie sie. »Ach, lass mich doch in Ruhe, du blöde Kuh!«, schnauzte mein Vater zurück. »Und ausgerechnet mit dieser ekelhaften, hässlichen Schlampe!«, hörte ich erneut die schrille Stimme meiner Mutter. Ich seufzte traurig. Es war klar, dass sie jetzt wieder stundenlang streiten würden. Also stapfte ich über die Kochtöpfe hinweg aus der Küche, trottete in mein Zimmer, legte mich aufs Bett und hielt mir die Ohren zu.

Um sich an meinem Vater zu rächen, beschloss meine Mutter, es ihm gleichzutun und ihn nach Strich und Faden zu betrügen. Dabei scheute sie auch nicht davor zurück, ihre ständig wechselnden Liebhaber mitzubringen, während ich zu Hause war. Mittlerweile wusste ich, was das Gestöhne bedeutete. Mit jedem neuen Männergesicht, das in der Tür auftauchte, wurde ich trauriger. Mein Traum von einer liebevollen Familie würde sich nun erst recht nicht mehr erfüllen, das spürte ich. Wie gut hatte es doch mein Cousin Martin, der zusammen mit meiner Tante bei Großmutter wohnte. Da mein Onkel auf einer Bohrinsel arbeitete, sah Martin ihn zwar nur selten, aber dafür wurde er von den beiden Frauen wie ein kleiner Prinz verwöhnt. Er hatte alles – Liebe, Geborgenheit, Spielsachen –, wovon ich nur träumen konnte.

Der Rachefeldzug meiner Mutter verschaffte ihr allerdings kein Gefühl der Befriedigung. Im Gegenteil – ihre Laune wurde von Woche zu Woche schlechter, und immer öfter holte sie ihr Tablettenröhrchen aus der Hosentasche.

Trotz ihrer beiderseitigen Affären veranstalteten meine Eltern am Wochenende auch weiterhin ihre gemeinsamen Saufgelage. Eines Samstags ging meine Mutter in den Keller und kehrte, während sie unverständlich vor sich hin lallte, mit einem langen Seil zurück. Ich zuckte unwillkürlich zusammen, als ich ihr bleiches Gesicht mit den trüben blauen Augen sah, umrahmt von wirrem Haar. Sie schwankte ins Wohnzimmer, wo mein Vater stockbetrunken auf der Couch lag. »Ich habe genug von dir, du Scheißkerl!«, stieß sie hervor. »Ich werde mich erhängen!« Starr vor Schreck stand ich im Türrahmen, während ihre Worte in meinen Ohren wie ein Echo widerhallten: *erhängen, erhängen, erhängen …* Erst als sie schon an mir vorbeigewankt war und gerade die Badezimmertür öffnete, konnte ich mich aus meiner Starre lösen. Hastig stürmte ich hinter ihr her, warf mich auf die Knie und umklammerte ihre Beine. »Mama, tu das nicht! Bitte! Ich will, dass du bei mir bleibst! Du bist doch meine Mama!«, flehte ich, während sie mit ausgestreckten Händen versuchte, das Seil an einem Wasserrohr zu verknoten, welches an der Decke entlanglief. »Mama, nicht! Bitte, bitte nicht!«, wiederholte ich und presste mich noch fester an ihre Beine. Meine Mutter schien mich überhaupt nicht wahrzunehmen und fuhr ungerührt in ihrem Versuch fort, das Seil festzubinden. Doch dieses eine Mal sollte der Alkohol mein Verbündeter sein. Ihr wodkagetrübter Blick und ihr wankender Oberkörper verhinderten nämlich, dass sie ihr Vorhaben in die Tat umsetzen konnte. Nach mehreren vergeblichen Anläufen senkte sie schließlich die Arme und ließ das Seil auf den Boden fallen. Langsam löste ich meine Umklammerung und schaute zu meiner Mutter empor. Was würde sie jetzt tun? Sie schien es selbst nicht zu wissen. Für ein paar Sekunden starrten ihre glasigen Augen ins Leere, dann setzte sie sich in Bewegung, schwankte ins Schlafzimmer und ließ sich aufs Bett plumpsen. Erschöpft, verstört und erleichtert zugleich wartete ich darauf, dass mein hämmerndes Herz sich wieder beruhigen würde. Aus dem Wohnzimmer hörte ich das Schnarchen meines Vaters.

Am nächsten Morgen ging ich durch den Park zu meiner Oma, setzte mich auf ihren Schoß und erzählte ihr von dem Vorfall. Sie legte ihre Arme um mich, strich mir sanft über mein langes blondes Haar und sagte: »Das hast du gut gemacht! Du bist mein liebes, kluges Mädchen. Ich bin sehr stolz auf dich, Januschka.« Der zärtliche Klang ihrer Stimme wirkte Wunder. Plötzlich war die Angst, die bei der Erinnerung an den Selbstmordversuch erneut in mir hochgekrochen war, wie weggezaubert. Ich konnte wieder ruhig atmen und fühlte mich sicher und geborgen. *Das hast du gut gemacht*, hallte der Satz meiner Großmutter in meinen Gedanken nach. »Vielleicht bin ich gar nicht so dumm, wie Mama immer sagt«, dachte ich. »Bestimmt könnte ich jetzt sogar eine ganze Seite fehlerfrei und in schönster Schrift in mein Schulheft schreiben. Vielleicht sogar zwei Seiten oder drei oder vier auf einmal.« Auf dem Schoß meiner Oma schien mir alles möglich.

Ich malte mir aus, wie meine Lehrerin endlich einmal auch mich vor der ganzen Klasse loben würde. Dabei schloss ich die Augen, lächelte zufrieden und kuschelte mich noch enger an meine Großmutter. Wie schön es hier war. Wenn ich doch nur für immer bei ihr bleiben könnte.

In der nächsten Nacht wurde ich von einem dumpfen Schmerz auf meinem Schädel aus dem Schlaf gerissen. Als ich die Augen öffnete, sah ich meinen Vater vor meinem Bett stehen und mit seinem Hausschuh auf mich einschlagen. »Das ist die Strafe, weil du bei Oma gepetzt hast!«, schnauzte er mich an. Mit einem Mal war ich hellwach. Offenbar hatte meine Oma versucht, meiner Mutter ins Gewissen zu reden. Erbost darüber, dass ich sie »angeschwärzt« hatte, war diese sogleich zu meinem Vater gelaufen. Wenn mein Vater erst mal anfing zu prügeln, hörte er so schnell nicht wieder auf. Ich spürte bereits den Geschmack von Blut in meinem Mund und hatte nur noch einen Gedanken: »Ich muss hier weg!« Im nächsten Augenblick sprang ich auch schon aus dem Bett und rannte aus meinem Zimmer in Richtung Wohnungstür. Ob sie wohl mitten in der Nacht verschlossen war? Mit der Hand auf der Klinke warf ich blitzschnell noch einen Blick über die Schulter und sah meinen Vater aus dem Zimmer kommen. Jetzt zählte jede Sekunde. Ich drückte die Klinke herunter. Gott sei Dank! Die Tür ging auf! Schon war ich im Hausflur und rannte die steinernen Treppen hinunter. Unten angekommen, riss ich die Haustür auf und stürmte hinaus in die Nacht. Eisige Kälte umfing mich. Es war stockfinster. Doch die Angst vor der Dunkelheit war nichts im Vergleich zu der Angst vor meinem Vater. Es gab nur einen Ort, an dem ich sicher war: bei meiner Oma. Barfuß stolperte ich im Pyjama die Straße entlang und durch den Park, hinter dem meine Großmutter wohnte. Die hohen Bäume kamen mir in der Dunkelheit wie schwarze Riesen vor. »Weiter! Lauf weiter!«, feuerte ich mich selbst an. Unter mir knackte es unentwegt, da die herabgefallenen Zweige in meine Fußsohlen stachen, während mir die Kälte ins Gesicht schnitt. Vollkommen außer Atem erreichte ich schließlich nach etwa einem Kilometer das Mietshaus, in dem Großmutter wohnte. Ich drückte auf den Klingelknopf neben ihrem Namen. Nichts. Ich klingelte erneut. Da ertönte ein Summen. Ich stieß die Haustür auf, ging hinein und erblickte durch die einen Spalt breit geöffnete Wohnungstür das verschlafene Gesicht meiner Oma. Als sie mich erkannte, riss sie erschrocken die Augen auf. »Omi!«, rief ich erleichtert, bevor ich mich erschöpft an sie klammerte.

Obwohl meine Großmutter von Anfang an gegen die Ehe meiner Eltern gewesen war, hatte sie ihnen die Verantwortung für mich nicht abnehmen wollen. So oft ich mich auch zu ihr geflüchtet hatte, weil ich es zu Hause nicht mehr aushielt, hatte sie mich doch immer wieder zu meinen Eltern zurückgeschickt. Sicherlich hatte sie gewollt, dass unsere Familie zusammenblieb. Vielleicht hatte sie auch insgeheim gehofft, dass meine Mutter sich doch noch ändern und gut für mich sorgen würde. Aber diesmal war es anders. Wahrscheinlich gab Großmutter nun endgültig alle Hoffnung auf, dass meine Eltern ihr Lotterleben jemals mir zu Liebe beenden würden. Vielleicht befürchtete sie auch beim Anblick der Beulen auf meinem Kopf, dass mein Vater mich bei der nächsten Prügelei ernsthaft verletzen könnte. Auf jeden Fall fasste sie nach meiner mitternächtlichen Flucht den Entschluss: »Du kannst bei mir bleiben, Januschka.« Als sie mir das am nächsten Tag eröffnete, traute ich meinen Ohren kaum. »Für immer?«, fragte ich zaghaft. »Ja, für immer«, bestätigte sie lächelnd. Ich fiel ihr um den Hals und konnte mein Glück kaum fassen. Keine Schläge mehr, kein Geschrei, keine einsamen Wochenenden am Küchenfenster. Stattdessen Umarmungen, Gespräche und liebevoll zubereitete, gemeinsame Mahlzeiten. Außerdem konnte ich künftig jeden Tag mit meinem Cousin spielen. Ich hatte das große Los gezogen!

2. KAPITEL

Behütet – Unter den Fittichen meines Schutzengels

»Schlaf schön, Januschka«, sagte meine Oma sanft, löschte das Licht und schloss die Schlafzimmertür. Ich kuschelte mich noch ein wenig tiefer in die frisch duftende Bettwäsche und stellte mir vor, wie Oma es sich jetzt im Wohnzimmer in ihrem gemütlichen Lieblingssessel mit den Armlehnen bequem machen und noch ein Weilchen lesen würde. Am Ende eines langen Tages lehnte sie gern ihren Kopf mit dem stets adretten Haarknoten in den Sessel zurück, schlug ein Buch auf und ließ sich von der Geschichte darin in eine andere Welt entführen. Das war in Ordnung für mich, solange sie nur nicht wirklich wegging, sondern in meiner Nähe blieb. Daher mochte ich es auch am liebsten, wenn sie mit mir zusammen schlafen ging und sich – dicht neben mir liegend – in ihre Bettlektüre vertiefte. Denn eines stand für mich fest: Wenn Oma bei mir war, konnte mir nichts passieren! Bei ihr fühlte ich mich sicher und beschützt wie ein Vögelchen in seinem Nest.

Nach den angsterfüllten Jahren bei meinen Eltern konnte ich von Großmutters liebevoller Fürsorge gar nicht genug bekommen. Es war einfach himmlisch, wenn sie mich in ihre Arme nahm und an sich drückte, mir zärtlich übers Haar strich oder mir einen Gutenachtkuss auf die Stirn gab. Und wenn ich morgens aufwachte, begrüßte sie mich mit einem freundlichen Lächeln. Welch ein schöner Start in den Tag! Ihre sanfte Stimme passte wunderbar zu ihrem warmherzigen Charakter. Nicht ein einziges Mal habe ich meine Großmutter schreien hören. Sie war ein durch und durch friedfertiger Mensch, der jegliche Art von Gewalt verabscheute. Nie im Leben wäre es ihr in den Sinn gekommen, mich zu schlagen. Als ehemalige Polnischlehrerin liebte sie nicht nur die Literatur, sie glaubte auch an die Kraft des Wortes. Ihr offener, verständnisvoller Blick aus den aufmerksamen blauen Augen weckte in mir stets das wärmende Gefühl des Vertrauens. Meine Oma zeigte mir, was eine richtige Familie ausmacht: füreinander da zu sein, miteinander Zeit zu verbringen und sich für die Gedanken und Empfindungen des anderen zu interessieren. Im Gegensatz zu meinen Eltern wollte Großmutter mich um sich haben. Ja, es machte ihr ganz offensichtlich Freude, dass ich bei ihr lebte. Das war eine völlig neue Erfahrung für mich! Zum ersten Mal in meinem Leben fühlte ich mich nicht wie das fünfte Rad am Wagen. Ich fühlte mich vielmehr wie ein sorgsam gehüteter Talisman, den man immer bei sich trägt. Großmutter nahm mich überallhin mit, zum Einkaufen, zur Post, in die Apotheke. Bis auf die Zeit in der Schule waren wir zwei von morgens bis abends zusammen. Und ihr braver Schäferhund Aro war stets mit von der Partie. Er hatte nichts von einem scharfen Wachhund, sondern war sehr lieb und anhänglich. Aro muss instinktiv gespürt haben, dass ich Tiere mochte, denn er suchte immer meine Nähe, ließ sich von mir den Rücken kraulen oder machte es sich zu meinen Füßen bequem. Wenn er draußen warten musste, während Oma und ich die Einkäufe erledigten, wedelte er bei unserer Rückkehr so freudig mit dem Schwanz, als hätte er uns tagelang nicht gesehen. Schon bald waren wir drei einfach unzertrennlich.

Wie sehr ich doch unsere ausgedehnten Waldspaziergänge mit Aro liebte. Jetzt waren Spaziergänge nichts Furchteinflößendes mehr, stattdessen unterhielten Oma und ich uns stundenlang. Was auch immer mir gerade auf dem Herzen lag – Angst vor einer Schulprüfung oder Streit mit einer Freundin –, ihr konnte ich mich anvertrauen. Sie hatte jederzeit ein offenes Ohr für mich, hörte mir aufmerksam zu und wusste stets einen Rat. War ich bedrückt, gab sie mir so manches Mal eine ihrer Lebensweisheiten mit auf den Weg, auf die sie selbst vertraute: »Man darf niemals aufgeben. Auf Regen folgt Sonnenschein« oder »Die Familie und gute Freunde sind der größte Schatz im Leben«. Erzählte ich von einer guten Leistung in der Schule, bekam ich von ihr sogleich ein dickes Lob. Wie gut mir diese Anerkennung tat, nachdem ich von meinen Eltern nur beschimpft worden war! Allmählich gewann ich mehr und mehr Selbstvertrauen. Schließlich war ich mir sogar *sicher*, gar nicht so dumm zu sein, wie meine Mutter mir immer einzureden versucht hatte. Ich konnte zum Beispiel nicht nur gute Geschichten schreiben, sondern hatte auch eine schöne Stimme, sodass ich in den Schulchor aufgenommen wurde. Und was ich noch nicht wusste oder konnte, würde ich mit der Zeit schon noch lernen. Mit Großmutter an meiner Seite schien mir kein Weg zu weit. Mit ihr wäre ich bis ans Ende der Welt gegangen. Sie gab mir Kraft und Zuversicht. Sie war einfach alles für mich: meine Oma, meine Mutter und meine beste Freundin. Ich liebte sie mit jeder Faser meines Herzens und wünschte mir nichts sehnlicher, als dass wir beide immer zusammenbleiben würden.

Großmutter wiederum tat alles in ihrer Macht Stehende, damit es mir an nichts fehlte. Bei Wind und Wetter stand sie morgens um fünf Uhr auf, um mir frische Milch fürs Frühstück zu besorgen. »Ohne ein gutes Frühstück kannst du nicht richtig lernen!«, sagte sie mit Nachdruck. Vorbei waren die tristen Tage, an denen ich mir morgens mutterseelenallein in der Küche ein Butterbrot schmieren musste, weil meine Eltern nebenan noch ihren Rausch ausschliefen. Oma hätte mich nie und nimmer mit leerem Magen zur Schule gehen lassen. Auch saubere, frisch gebügelte Sachen lagen stets für mich bereit, sodass ich nach dem Waschen nur noch hineinzuschlüpfen brauchte. Da Großmutter Mitglied der Kommunistischen Partei war, bekam sie sehr viele Zuschüsse, sodass es uns weder an Essen noch an Kleidung mangelte. Fleisch, Wurst, Obst, sogar Schokolade – bei ihr war es fast wie im Schlaraffenland. Es ging uns so gut, dass selbst Aro ein paar Pfund zu viel auf den Rippen hatte. Einmal bekam ich sogar Schuhe aus Deutschland, was damals einer kleinen Sensation glich. In der Schule erntete ich für meine schicken Schuhe viele bewundernde Blicke – auch von den Klassenkameraden, die mich früher wegen meiner zerrissenen Schulhefte immer gehänselt hatten.

Wenn ich aus der Schule kam, duftete es in der Wohnung nach frisch gekochtem Essen. Oma war eine ausgezeichnete Köchin. Nicht nur ihr zartes Gulasch mit Kartoffelklößen schmeckte einfach köstlich! Sie war zudem eine leidenschaftliche Beeren- und Pilzsammlerin, und hin und wieder unternahmen wir mit der gesamten Hausgemeinschaft einen Ausflug in ein nahegelegenes Waldstück, um dort Heidelbeeren oder Pfifferlinge zu suchen. Schon auf der Heimfahrt freute ich mich jedes Mal auf Omas wunderbare selbst gebackene Heidelbeerplunder, deren fruchtig-süßen Duft ich so sehr liebte. Wie ein unsichtbares Band schlängelte sich das verführerische Aroma durch sämtliche Räume und verwandelte die ganze Wohnung in eine Backstube. Ungeduldig auf den Zehen wippend, konnte ich es kaum erwarten, dass Großmutter die kleinen Köstlichkeiten endlich aus dem Backofen nahm, um sie mir weich und warm auf der Zunge zergehen zu lassen.

Auch Großmutter selbst war nicht gerade eine Kostverächterin, was man ihr auf den ersten Blick ansah. Ich liebte meine rundliche Oma, denn genau so hatte meiner Vorstellung nach eine richtige Oma zu sein, damit man sich gemütlich an sie kuscheln konnte. Doch die größte Freude bereitete es ihr, wenn es anderen schmeckte und sie damit Gutes tun konnte. Aus Furcht, dass möglicherweise nicht alle satt werden könnten, fielen die Portionen bei ihr immer riesig aus, und so war auch für eine gebrechliche Nachbarin gesorgt, die Tag für Tag zu den Mahlzeiten zu uns kam. Da die alte Dame sich nicht mehr selbst versorgen konnte, hatte Großmutter sich ihrer angenommen und kümmerte sich bis zu ihrem Tod rührend um sie. Ihr gütiges Herz gestattete ihr einfach nicht wegzuschauen, wenn ein Mensch Hilfe brauchte. Auch andere alleinstehende ältere Damen aus der Nachbarschaft lud sie regelmäßig zu einem gemütlichen Nachmittag bei Kaffee und Kuchen ein. »Deine Oma ist ein wahres Vorbild!«, sagte eine dieser Damen einmal zu mir. »Von früh bis spät auf den Beinen und immer für andere da. Wirklich bewundernswert!«

Trotz ihres sanften Wesens war meine Oma eine richtige Powerfrau. Sie gönnte sich keine Ruhe, ehe alle Aufgaben des Tages erledigt waren. Schon in jungen Jahren hatte sie viel gearbeitet und als berufstätige Frau zwei Töchter großgezogen und den Haushalt erledigt. An meinen Großvater, einen Mathematiklehrer, habe ich zwar kaum Erinnerungen – er starb, als ich drei Jahre alt war –, doch wie die meisten Männer seiner Generation war wahrscheinlich auch er seiner Frau im Haushalt keine Hilfe gewesen, sodass meine Großmutter die Doppelbelastung von Familie und Beruf wohl allein tragen musste. Und dennoch ließen ihr Fleiß und ihr Tatendrang im Alter nicht nach. Wenn ich meine Oma von morgens bis abends werkeln sah, konnte ich es noch weniger fassen, dass meine Mutter den lieben langen Tag zu Hause auf der faulen Haut lag. Im Gegensatz zu dem Drunter und Drüber bei meinen Eltern war Omas Wohnung immer tadellos aufgeräumt. Am besten gefiel mir jedoch die liebevolle, gemütliche Einrichtung. An den Wänden hingen Familienfotos, die jede Woche sorgfältig abgestaubt wurden. Und die eigens von einem Schreiner angefertigten Wohnzimmermöbel sorgten für eine behagliche Atmosphäre. Großmutter besaß außerdem mehrere schöne alte Uhren, die Tag und Nacht leise vor sich hin tickten. Ihr gleichmäßiger Rhythmus hatte eine wunderbar beruhigende Wirkung auf mich. Und er passte herrlich zu der friedlichen Stimmung, die von meiner Oma ausging und sich wie von Zauberhand auf die ganze Wohnung zu übertragen schien. Noch heute schlafe ich gern mit einer leise tickenden Uhr in meiner Nähe ein.

Meine Eltern weinten mir keine Träne nach. Nicht ein einziges Mal versuchten sie, mich zurückzuholen. Ganz offensichtlich waren sie froh darüber, mich endlich losgeworden zu sein. Nun hinderte sie wenigstens niemand daran, nachts durch die Kneipen zu ziehen, und bei ihren Saufgelagen am Wochenende waren sie ungestört. Ich selbst dachte zwar hin und wieder an sie, aber in mein altes, von Angst und Gewalt geprägtes Zuhause wollte ich auf keinen Fall zurück. Von meiner Mutter und meinem Vater hatte ich keinerlei elterliche Liebe erfahren. Ich spürte, dass ich für sie nichts weiter als ein lästiges Übel war. Der Traum von einer glücklichen Familie war ausgeträumt, doch dafür war ich bei meiner Oma umso glücklicher. Besser als bei ihr konnte ich es nirgendwo auf der Welt haben! Mit ihr war nicht nur Geborgenheit, sondern endlich auch Ruhe und ein regelmäßiger Tagesablauf in mein Leben eingekehrt. Es war ein gutes Gefühl, abends ohne Angst vor dem nächsten Morgen einzuschlafen. So konnte es bleiben. Doch das tat es nicht.

Eines Tages klingelte es. Als Oma die Tür öffnete, stand meine Mutter mit einer Reisetasche in der Hand davor. »Ich halte es bei diesem brutalen Scheißkerl nicht mehr aus!«, schluchzte sie. »Darf ich hierbleiben?« Natürlich durfte sie. Wie eine verlorene Tochter, deren Rückkehr sie viele Jahre lang herbeigesehnt hatte, nahm Oma meine Mutter mit offenen Armen auf. In meiner kindlichen Naivität schöpfte ich neue Hoffnung, dass Mama vielleicht auch um meinetwillen gekommen war, und ich freute mich darauf, künftig mit ihr und Oma zusammenzuleben. Doch die Freude währte nicht lange. Ein paar Tage später klingelte es erneut. Ich beobachtete, wie Oma zur Wohnungstür ging. Vielleicht wollte eine der Nachbarinnen sie besuchen? Doch als sie die Tür öffnete, zuckte ich vor Schreck zusammen: Es war mein Vater. Das konnte nichts Gutes bedeuten!

»Ich will zu meiner Frau!«, blaffte er Großmutter ohne ein Wort der Begrüßung an. Sie zögerte ein wenig, trat dann jedoch mit ernstem Gesicht zur Seite und ließ ihn herein. Oma wusste ebenso gut wie ich, dass man ihm besser nicht widersprach. Seiner Brutalität war niemand gewachsen. Ich spürte, wie ich mich von Kopf bis Fuß versteifte, bereit, jede Sekunde loszurennen, um wie früher unter meinem Bett Schutz zu suchen. Als meine Mutter hinzukam, zogen Oma und ich uns ins Wohnzimmer zurück. Nach einer Weile öffnete sich die Tür und meine Mutter trat ein. »Ich gehe wieder mit ihm«, erklärte sie uns. Betrübt blickte Oma zu Boden. »Wenn du es so willst«, entgegnete sie ruhig. Aber ihre traurigen Augen verrieten mir, wie schwer es ihr ums Herz war. Als Mama bei uns aufgetaucht war, hatte Oma wahrscheinlich ebenso wie ich neue Hoffnung geschöpft. Hoffnung darauf, dass ihre Tochter nach all den Jahren doch noch zur Besinnung gekommen war und das Leben an der Seite dieses brutalen Alkoholikers endgültig satt hatte. Hoffnung darauf, dass Mama – endlich aufgerüttelt – auch ihre Zuneigung zu mir entdecken und mich künftig liebevoll behandeln würde. Und nun war dieses zarte Pflänzchen Hoffnung mit einem Ruck wieder ausgerissen worden.

Doch schon ein paar Wochen später stand meine Mutter tränenüberströmt erneut vor der Tür. Wieder nahm Oma sie mit offenen Armen und ohne ein Wort des Vorwurfs auf. Und wieder schaffte es mein Vater kurz darauf, sie zur Rückkehr zu bewegen. »Warum geht Mama denn mit ihm?«, fragte ich mich. Machte es ihr wirklich Spaß, sich zu besaufen? Oder liebte sie meinen Vater trotz seiner brutalen Art vielleicht noch immer? Wie lange würde das noch so weitergehen? Mir blieb nichts anderes übrig, als hilflos auf den nächsten Akt des Dramas zu warten – in dem der Vorhang dann endgültig fallen sollte. »Ich lasse mich scheiden!«, verkündete meine Mutter ein paar Monate später entschlossen. Und diesmal blieb sie tatsächlich standhaft, obwohl mein Vater im Verlauf des Scheidungsprozesses mehrmals ausrastete und Großmutter sogar mit dem Messer bedrohte! Nach mehreren Monaten der Anspannung konnten wir 1990 endlich aufatmen: Die Ehe meiner Eltern wurde nach 13 Jahren rechtskräftig geschieden.

Es dürfte nicht überraschen, dass ich meinen Vater nach der Scheidung nicht vermisst habe. Seine sadistischen Spielchen, sein donnerndes Gebrüll und seine brutalen Schläge hatten mich bis ins Mark erschüttert. Sobald wir auch nur im selben Raum waren, erstarrte ich vor Angst. »Gefahr, Gefahr, Gefahr!«, schrie alles in mir. Erst wenn er den Raum wieder verlassen hatte, konnte ich mich allmählich wieder entspannen. Wann immer es möglich war, machte ich einen großen Bogen um ihn. Bis heute erinnere ich mich voller Furcht und Schmerz an meinen Vater. Daher habe ich auch als Erwachsene keinen Kontakt zu ihm gesucht. Von Verwandten erfuhr ich, dass er noch einmal geheiratet und mit seiner zweiten Frau fünf Kinder bekommen hat. Ich kann nur hoffen, dass sie nicht das Gleiche durchmachen mussten wie ich! Aus den Klauen des Alkohols konnte er sich nie mehr befreien. Nachdem er seinen Körper jahrzehntelang mit Wodka vergiftet hatte, starb er mit nur 45 Jahren.

Während die Scheidung meiner Eltern uns in Atem gehalten hatte, hatte die Welt innerhalb kürzester Zeit ein neues Gesicht bekommen. Die umwälzenden Ereignisse, die durch den Fall der Mauer und das Ende des Kommunismus ins Rollen gekommen waren, stellten auch unseren Alltag auf den Kopf. Plötzlich gab es Privateigentum und Reisefreiheit, aber auch Arbeitslosigkeit und Existenzängste. Meine Tante und mein Onkel nutzten ihre neu gewonnenen Chancen sogleich und wanderten mit meinem Cousin Martin erst nach Griechenland und kurz darauf nach Kanada aus. Mama und ich bezogen ihr frei gewordenes Zimmer in der Wohnung meiner Großmutter. »Jetzt werde ich es so gut haben wie Martin früher«, dachte ich fröhlich. »Oma, Mama und ich werden es richtig schön haben!« Doch da hatte ich die Rechnung ohne meine Mutter gemacht.

Noch im Laufe des Scheidungsprozesses hatte meine Mutter eine Kur bewilligt bekommen. An ihrem Kurort verliebte sie sich in einen sieben Jahre jüngeren Mann, was sie Oma und mir nach ihrer Rückkehr jedoch verheimlichte. Eines Tages war meine Mutter plötzlich verschwunden. Als sie am nächsten Morgen immer noch nicht da war, gab Oma voller Sorge eine Vermisstenanzeige auf. Doch die Tage verstrichen ohne ein Lebenszeichen von ihr, da auch die Polizei keine Spur hatte. Meine Mutter schien wie vom Erdboden verschluckt. »Omi, glaubst du, dass Mama etwas passiert ist?«, fragte ich bekümmert. »Wo kann sie denn nur sein?« »Ich weiß es nicht, mein Schatz«, antwortete Großmutter und zuckte ratlos mit den Schultern. Nach zwei Wochen stand meine Mutter auf einmal vor der Tür und tat, als wäre nichts geschehen. »Wo um Himmels willen bist du denn gewesen?«, fragte Oma fassungslos, während sich auf ihrem Gesicht Ärger und Erleichterung die Waage hielten. Meine Mutter hüllte sich in Schweigen. »Wir sind fast umgekommen vor Sorge. Nun rede doch endlich!«, hakte Oma nach. Doch meine Mutter blieb eine Antwort schuldig. »Du verhältst dich wie ein unreifer Teenager, dabei hast du schon eine elfjährige Tochter!«, versuchte Oma noch an ihr Gewissen zu appellieren, bevor sie resigniert aufgab.

Die Frage, wo meine Mutter gewesen sein könnte, beschäftigte mich noch tagelang. Zu meinem Vater war sie bestimmt nicht gelaufen, und bei unseren Verwandten hatte Oma ja überall nachgefragt. Ich konnte mir keinen Reim auf das merkwürdige Verhalten meiner Mutter machen. Aber eigentlich war mir die Lösung des Rätsels auch gar nicht so wichtig. Hauptsache, Mama ging es gut und sie war wieder da. Jetzt würde hoffentlich bald wieder jene friedliche Stimmung einkehren, die mir bei Oma immer so gut gefallen hatte.

Darauf schien meine Mutter allerdings keinen großen Wert zu legen. Kurze Zeit später verschwand sie nämlich erneut, um zwei Wochen danach ebenso unvermittelt wie beim ersten Mal wieder aufzutauchen. Diesmal bestand Oma jedoch so lange auf einer Erklärung, bis Mama schließlich kleinlaut zugab, bei ihrem Freund gewesen zu sein, den sie während ihrer Kur kennengelernt hatte. Ein Freund? Ich spitzte die Ohren. Nach der Erfahrung mit meinem Vater hatte ich kein sonderlich gutes Bild von Männern. Meine Gedanken fingen an zu rattern: Oma und ich kamen auch sehr gut allein klar. Wir brauchten keinen Mann. Und Mama könnte sich doch auch mit uns zusammen ein schönes Leben machen. Ein Dreimädelhaus, das wie Pech und Schwefel zusammenhielt. Das war mein neuer Traum von einer glücklichen Familie! Ein Mann hatte da keinen Platz. Schon gar kein Stiefvater. Schließlich wusste doch jedes Kind, dass Stiefväter ihre Stieftöchter schlecht behandelten, oder? Von einem liebevollen Stiefvater hatte ich jedenfalls noch nie gehört. Da riss mich Großmutters Stimme aus meinen Überlegungen. »Wann stellst du ihn uns denn vor?«, hörte ich sie fragen. Nach dem Kummer mit ihrem ersten Schwiegersohn traute sie den schwärmerischen Worten ihrer Tochter wohl nicht und wollte sich offensichtlich ihre eigene Meinung bilden. »Vielleicht hat Oma ja recht?«, ging es mir durch den Kopf. »Vielleicht sollte ich Mamas Freund wenigstens eine Chance geben. Sagt Oma nicht immer, dass man sich nicht vorschnell ein Urteil bilden darf? Vielleicht ist der Mann ja ganz nett.« Allzu große Hoffnungen machte ich mir allerdings nicht.

Doch dann erlebte ich eine Überraschung. Mamas neuer Freund sah gepflegt aus, war höflich und verstand sich gut auszudrücken. Er war mittelgroß, schlank, dunkelblond und hatte eine kleine Glatze, die ihn älter als 25 Jahre wirken ließ. Von Beruf war er Schiffbauer. Den ganzen Tag lang fluchte er kein einziges Mal. Und ganz besonders gefiel mir, dass er keinen Alkohol trank. Damit konnte er bei mir natürlich jede Menge Pluspunkte sammeln. Als er dann auch noch mit mir spielte – was meinem Vater nie eingefallen war –, hatte er mich endgültig für sich gewonnen. In meine Bettdecke gekuschelt, ließ ich kurz vor dem Einschlafen den Tag noch einmal Revue passieren. »Er war wirklich nett«, sagte ich zu mir selbst. »Vielleicht gibt es ja doch liebe Stiefväter.«

Meine Großmutter war von Mamas neuem Freund ebenfalls sehr angetan. Deshalb hatte sie auch nichts dagegen, dass er schon kurz darauf bei uns einzog. Da in unserer Stadt keine Schiffe gebaut wurden, suchte er sich eine Arbeit als Bauarbeiter. Fortan teilte ich das Bett wieder mit Oma. In Polen war es damals durchaus üblich, dass mehrere Generationen auf engstem Raum zusammenwohnten, wobei Omas Dreizimmerwohnung mit rund 70 Quadratmetern schon zu den geräumigeren Unterkünften gehörte. Sie hatte sogar einen Balkon. Es störte mich auch nicht, dass ich kein Kinderzimmer mehr hatte wie früher bei meinen Eltern. Denn das war für mich ohnehin nur ein Schlupfloch gewesen, in das ich mich schutzsuchend verkrochen hatte, wenn wieder einmal dicke Luft herrschte. Ein harmonisches Familienleben war mir tausendmal lieber als ein eigenes Zimmer.

Mein Stiefvater fügte sich nicht nur gut in die Familie ein, er hatte auch einen positiven Einfluss auf meine Mutter. Seit sie mit ihm zusammen war, rührte sie keinen Tropfen Alkohol mehr an. Die Beruhigungstabletten nahm sie allerdings weiterhin. Nur wenige Wochen nachdem mein Stiefvater bei uns eingezogen war, teilte Mama uns mit, dass sie schwanger sei. Ich war außer mir vor Freude, hatte ich mir doch schon früher ausgemalt, wie schön es wäre, ein Geschwisterchen zu haben. Ich konnte mein neues Glück kaum fassen: Ich wohnte mit

Mama und Oma zusammen, hatte einen netten Stiefvater und nun bekam ich auch noch ein Geschwisterchen – was sollte da noch schiefgehen?

Die Zeit verging wie im Flug. »Nur noch zwei Monate, dann ist das Baby da«, dachte ich voller Vorfreude und warf einen Blick auf Mamas kugelrunden Bauch, der von Woche zu Woche größer wurde. Die Krankenhaustasche war schon gepackt, meine alten Babysachen lagen frisch gewaschen im Schrank und die Wiege stand bereit. »Wenn die Wehen einsetzen, ist es so weit«, hatte Mama mir erklärt. Die Wehen? So richtig konnte ich mir darunter nichts vorstellen. Dennoch hoffte ich insgeheim, dass sie bald einsetzen würden, platzte ich doch geradezu vor Neugier auf mein kleines Schwesterchen oder Brüderchen.

Meine Freude wurde jedoch durch die Sorge um Großmutter getrübt. Sie war sogar schon mehrmals beim Arzt gewesen, weil ihr Blutdruck viel zu hoch war. Und dass sie überhaupt einen Arzt aufsuchte, wollte schon etwas heißen. Meine Oma war nämlich stolz darauf, nicht zu den Leuten zu gehören, die wegen jeder Kleinigkeit zum Doktor rennen. Doch als sie kurz vor Ostern 1990 wieder einmal völlig erschöpft in ihrem Lieblingssessel saß, hatte ich wirklich Angst. »Oma, was hast du denn bloß?«, entfuhr es mir. Sie musste die Furcht in meiner Stimme gehört haben, denn sie nahm meine Hand, drückte sie und schenkte mir ein aufmunterndes Lächeln, bevor sie in sanftem Ton zu mir sagte: »Keine Sorge, mein Schatz. Gleich nach Ostern gehe ich wieder zum Arzt und lasse mich von Kopf bis Fuß gründlich untersuchen.« Ich erwiderte den Druck ihrer Hand und war ein wenig beruhigter. Auf Omas Versprechen konnte ich mich hundertprozentig verlassen. Hoffentlich würde der Arzt herausfinden, was ihr fehlte. Nicht auszudenken, wenn sie … Mein Herz krampfte sich so sehr zusammen, dass ich nicht einmal in der Lage war, den Gedanken zu Ende zu führen. Ein Leben ohne meine geliebte Oma war für mich einfach undenkbar.

Neben dem Haushalt und der Familie kümmerte sich Großmutter seit Kurzem auch noch um den Kiosk, in dem eigentlich meine Mutter arbeiten sollte. Während des Scheidungsprozesses hatte meine Mutter beschlossen, Geld zu verdienen, und in einem Kiosk in unserer Straße eine Stelle als Verkäuferin angenommen. Da sie es jedoch nicht schaffte, jeden Morgen früh aufzustehen, um den Leuten auf dem Weg zur Arbeit Zeitungen oder Zigaretten zu verkaufen, war meine Oma für sie eingesprungen. Zum Dank fiel meiner Mutter nichts Besseres ein, als immer wieder Geld aus der Kasse zu klauen, bis die staatliche Gesellschaft, welcher der Kiosk gehörte, ihr schließlich mit einer Klage drohte. Um das Schlimmste zu verhindern, erstattete Großmutter den Betrag aus ihrer eigenen Tasche zurück – mit dem Geld, das ihr meine Tante aus Kanada für einen Besuch geschickt hatte. Obgleich Oma sich mir gegenüber nichts anmerken lassen wollte, spürte ich dennoch, wie betrübt sie über das Verhalten meiner Mutter war.

In der Nacht von Ostermontag auf Dienstag erwachte ich um drei Uhr morgens von einem merkwürdigen Geräusch. Es klang wie lautes Röcheln oder Schnaufen. Was konnte das nur sein? Schlaftrunken stand ich auf und stellte fest, dass die eigenartigen Laute aus dem Wohnzimmer kamen. Als ich vorsichtig die Tür öffnete, erblickte ich meine Großmutter in ihrem Lieblingssessel, wie sie sich mit schmerzverzerrtem Gesicht an die Brust fasste und verzweifelt nach Luft rang. Im Bruchteil einer Sekunde begriff ich den Ernst der Lage und stürmte los, um meine Mutter und meinen Stiefvater zu wecken. »Mama! Mama!«, schrie ich aus vollem Hals. »Wacht auf! Schnell! Oma kriegt keine Luft mehr. Sie braucht einen Arzt!« Schlagartig waren beide hellwach und sahen mich erschrocken an. »Los, schnell! Beeilt euch!«, rief ich, woraufhin meine Mutter hastig aufstand, zum Telefon rannte und den Notarzt alarmierte. Kurz danach klingelte es auch schon. Mein Stiefvater eilte zur Wohnungstür und ließ den Arzt herein. Er war ein Chirurg aus dem örtlichen Krankenhaus, der jedoch nicht einmal einen Notarztkoffer bei sich hatte. Mein Stiefvater führte ihn ins Wohnzimmer, wo Oma noch immer fürchterlich röchelnd im Sessel saß. Der Arzt erkannte zwar sofort, dass sie einen Herzinfarkt erlitten hatte, schien aber nicht recht zu wissen, was er ohne entsprechende medizinische Ausstattung anfangen sollte. Sogar ich bemerkte seine hilflosen Blicke. »Warum tut er denn nichts?«, dachte ich panisch. »Oma braucht doch sofort Hilfe!« Bestürzt blickte ich in das verzerrte Gesicht meiner Großmutter, das mir ohne ihr gütiges Lächeln seltsam fremd vorkam. »Was sollen wir denn jetzt bloß machen?« Vor lauter Verzweiflung war ich außerstande, einen klaren Gedanken zu fassen. Hilfesuchend richtete ich meinen Blick auf meine Mutter und meinen Stiefvater, die jedoch beide wie versteinert dastanden. Die ganze Situation kam mir seltsam unwirklich vor, wie in einer anderen Welt. Wenn das alles doch nur ein böser Traum wäre … Da klingelte es erneut. Diesmal stand tatsächlich ein voll ausgestattetes Notarztteam vor der Tür. Mit wenigen gezielten Handgriffen packten sie ihre medizinischen Geräte aus und legten Oma ausgestreckt auf den Boden. Einer der Männer griff mit beiden Händen nach zwei länglichen, scheibenartigen Teilen und kniete neben Oma nieder. Als er ihre Brust damit berührte, zuckte ihr ganzer Körper so heftig zusammen, als sei er von einem Blitz getroffen worden. Im nächsten Augenblick war das plötzliche Zucken schon wieder vorüber und ihr Körper sank abrupt auf den Boden zurück. Mit geschlossenen Augen lag Oma wie leblos da. Ihr stets adretter Haarknoten hatte sich gelöst, sodass ihr die einzelnen Strähnen wirr um den Kopf herumhingen. »Omi«, flüsterte ich flehentlich, als könnte der vertraute Klang meiner Stimme sie dazu bewegen, ihre Augen zu öffnen. Der Notarzt warf meiner Mutter einen vielsagenden Blick zu, woraufhin sie mich an den Schultern fasste und aus dem Zimmer führte. Als ich kurz vor der Tür noch einmal den Kopf umwandte, sah ich, wie Omas Körper erneut heftig zuckte.

Verstört setzte ich mich auf mein Bett, zog meine Knie an die Brust und starrte in Richtung Wohnzimmer. »Omi, du darfst nicht sterben! Bitte Omi, bleib bei mir!«, dachte ich immer wieder voller Verzweiflung, während mir die Tränen über die Wangen kullerten. Großmutter war nie krank gewesen. Sie hatte immer so stark gewirkt. Selbst im eisigen polnischen Winter war sie ohne Strumpfhose Milch holen gegangen. Ihr Blutdruck war in letzter Zeit zwar zu hoch gewesen, aber dagegen gab es doch Medizin, das wusste ich. Oder war sie vielleicht doch nicht so gesund, wie sie immer ausgesehen hatte? Ein Herzinfarkt war eine schlimme Sache, das war mir klar. Doch das Notarztteam hatte schnell und entschlossen gehandelt. Sie würden Oma bestimmt retten können. Sie mussten es einfach schaffen! Wie hypnotisiert starrte ich vor mich hin. Wie spät es inzwischen wohl sein mochte? Ich hatte jegliches Zeitgefühl verloren. Es schien mir eine Ewigkeit her zu sein, dass ich Oma gefunden hatte. Es war, als ob die Zeit nicht mehr richtig funktionierte, Sekunden wurden zu Minuten, Minuten verstrichen langsam wie Stunden. Mein Kopf fühlte sich seltsam schwer an. Ich war todmüde und hellwach zugleich. Irgendwie war alles so verwirrend und widersprüchlich. Ich fühlte mich wie im falschen Film.

Auf einmal hörte ich nebenan Stimmen. Die Wohnungstür wurde geöffnet und wieder geschlossen. Was war los? War das Notarztteam gegangen? Wie ging es Oma? Während mir diese Gedanken durch den Kopf schossen, betrat meine Mutter das Schlafzimmer. »Oma ist tot«, sagte sie tonlos. »Sie haben alles versucht, aber es war vergebens.« Fassungslos starrte ich in das übermüdete Gesicht meiner Mutter, unfähig auch nur eine einzige Silbe hervorzubringen. Mein Schutzengel – für immer fort? Das konnte nicht sein! Das durfte nicht sein! Mein Herz weigerte sich zu akzeptieren, was mein Verstand soeben vernommen hatte. Nein! Alles, nur das nicht! Was würde denn jetzt aus mir werden? Wem konnte ich künftig mein Herz ausschütten? Wer sollte mir Mut machen und mich loben? Und wer würde mir beistehen, falls Mama doch wieder anfangen sollte, mich zu beschimpfen oder zu schlagen? Langsam wanderte mein Blick von meiner Mutter in Richtung Schlafzimmerfenster. Draußen war es immer noch nachtschwarz. Ich fröstelte innerlich. Mir war, als stünde ich am Eingang eines langen dunklen Tunnels, den ich nun mutterseelenallein durchqueren musste.

In den folgenden Wochen wurde ich von schlimmen Träumen gequält, aus denen ich jedes Mal schweißgebadet aufschreckte. Immer wieder hörte ich Omas furchtbares Röcheln, sah ihr schmerzverzerrtes Gesicht und das gespenstische Zucken ihres Körpers. Um ihren Lieblingssessel im Wohnzimmer machte ich einen großen Bogen. Die Erinnerung daran, wie sie dort gesessen und genüsslich in einem ihrer dicken Bücher geschmökert hatte, ließ mir die Tränen in die Augen steigen. Oft fühlte ich mich lustlos, und ich hatte kaum Appetit. Lange Zeit konnte ich nicht einmal ihren Namen aussprechen, ohne dass sich mir sofort die Kehle zuschnürte. Ich vermisste sie Tag und Nacht.

Der einzige Lichtblick in jenen trüben Wochen war die bevorstehende Geburt meines Geschwisterchens. Bei der Vorstellung, es in meinen Armen zu wiegen, ihm sein Fläschchen zu geben oder es spazieren zu fahren, wurde es mir wenigstens etwas leichter ums Herz. Wenn wir auf der Straße einer Mutter mit ihrem Baby begegneten, das friedlich schlummernd in seinem Wagen lag, dachte ich jedes Mal: »Bald haben wir auch so einen kleinen Engel.«

Mama und mein Stiefvater hatten beschlossen, in Omas geräumiger, schön eingerichteter Wohnung zu bleiben. Auch die Lage am Park schien ihnen ideal für Spaziergänge mit dem Baby. Überhaupt drehten sich ihre Gespräche kurz vor dem berechneten Geburtstermin fast nur noch um das Baby. Und dann war es auf einmal so weit: Die Wehen setzten ein und mein Stiefvater fuhr Mama ins Krankenhaus. Die Geburt verlief ohne Probleme. Ich bekam eine kleine Schwester und war außer mir vor Freude. Als meine Mutter aus der Klinik zurückkam und ich das süße kleine Wesen in ihren Armen erblickte, beschloss ich, die beste große Schwester der Welt zu werden. Nun waren wir also zu viert. Vater, Mutter und zwei Kinder – eine richtige Bilderbuchfamilie. Vielleicht würde es für mich ja doch noch ein Happy End geben …

3. KAPITEL

Ausgestoßen – Der Terror meiner Mutter

Festlich brannten die Kerzen auf der Torte. Auf dem Tisch standen drei Teller bereit. Mama und ich hatten schon vor einer ganzen Weile Platz genommen, und ich wurde von Minute zu Minute ungeduldiger. Ich wollte doch endlich die Kerzen ausblasen! Meinen Wunsch hatte ich auch schon längst im Kopf, darüber hatte ich nicht lange nachdenken müssen. Die Torte sah wirklich lecker aus – und sie war extra für mich! Ich konnte mein Glück kaum fassen. So etwas Gutes hatte ich seit Omas Tod nicht mehr bekommen. Oma – bei dem Gedanken an sie wurde mir gleich wieder schwer ums Herz. Doch ich riss mich zusammen. Nein! Heute wollte ich nicht traurig sein, sondern endlich einmal wieder einen schönen Tag verleben. Unsicher schaute ich zu meiner Mutter hinüber. »Wann fangen wir denn endlich an?«, hätte ich sie am liebsten gefragt, doch das traute ich mich nicht. Als hätte sie meine unausgesprochene Frage gehört, rief sie im nächsten Moment in Richtung Wohnzimmer: »Nun komm doch und setz dich zu uns!« Etwa eine Minute lang passierte gar nichts. Dann tauchte das mürrische Gesicht meines Stiefvaters im Türrahmen auf. »Du weißt genau, dass ich mich mit der nicht an einen Tisch setze!«, sagte er abschätzig und betrachtete mich verächtlich. »Auch nicht an ihrem Geburtstag. Basta!« Und mit einem letzten bösen Blick – diesmal galt er meiner Mutter – verschwand er auch schon wieder.

Mit der setze ich mich nicht an einen Tisch! Das hatte gesessen! Ich spürte, wie meine Wangen sich röteten, als hätte er mir links und rechts eine Ohrfeige verpasst. In meinem Hals bildete sich ein Kloß. Ich senkte den Blick, während mir die Tränen hochstiegen, doch ich kämpfte sie tapfer nieder. »Den Gefallen tue ich dir nicht!«, dachte ich trotzig, obwohl ich meinen Tränen am liebsten freien Lauf gelassen hätte. Warum machte er das? Ich hatte ihm doch nichts getan. Nicht einmal an meinem Geburtstag gönnte er mir eine kleine Freude. Während ich mit verschlossener Miene stumm vor mich hin starrte, schob meine Mutter ihren Stuhl zurück und stand auf. Ich schaute zu ihr hoch. Hatte *sie* wenigstens ein wenig Mitleid mit mir? Aber nein. Ihr Gesicht zeigte keinerlei Regung. Stattdessen zuckte sie nur gleichgültig mit den Schultern, als wollte sie sagen: »Da kann man wohl nichts machen!«, drehte sich um und folgte ohne ein Wort meinem Stiefvater ins Wohnzimmer. Was für ein Geburtstag! Wie ein Häufchen Elend hockte ich jetzt vor meiner Torte. Dabei hatte ich mir beim Ausblasen der Kerzen – wieder einmal – wünschen wollen, dass doch noch alles gut würde. »Vergiss es, Jana!«, murmelte ich zu mir selbst und seufzte traurig. Dieser Zug war abgefahren!

Von einem Tag auf den anderen war meine Welt noch mehr aus den Fugen geraten, als sie es seit Omas Tod ohnehin schon war. Es geschah so unerwartet, dass ich zuerst überhaupt nicht verstand, was eigentlich los war. Seit der Rückkehr meiner Mutter aus der Klinik war mein Stiefvater wie ausgewechselt. Er sprach kein Wort mehr mit mir und würdigte mich keines Blickes. Ich war einfach Luft für ihn. Aber wie konnte ein Mensch sich plötzlich so verändern? »Was habe ich denn bloß falsch gemacht?«, fragte ich mich immer wieder. Doch so sehr ich auch darüber nachgrübelte, mir wollte nichts einfallen. Erst allmählich begann ich zu begreifen: Nichts, gar nichts hatte ich falsch gemacht. Es lag weder an meinem Verhalten noch an meinem Charakter oder gar meinem Aussehen. Es war meine ganze Person, die ihn störte, meine bloße Anwesenheit. Nun, da er eine leibliche Tochter und damit eine eigene Familie hatte, war ich überflüssig, unerwünscht, ja sogar lästig. Für ihn war ich wie ein alter, ausrangierter Pullover. Nur dass er mich zu seinem Ärger nicht in einen Kleidersack stopfen und zum Abholen vors Haus stellen konnte. Deshalb ignorierte er mich komplett. Für ihn existierte ich einfach nicht mehr. Ich schauderte. Er war eben doch ein typischer Stiefvater. Und ich seine verhasste Stieftochter. Ich hatte mich von seiner scheinheiligen Freundlichkeit blenden lassen! Doch jetzt hatte er seinen Schafspelz abgelegt und mir sein wahres Gesicht gezeigt.

Ich kam mir immer mehr vor wie auf einer einsamen Insel im Ozean, und das inmitten meiner Familie, inmitten der Wohnung meiner Oma. Wenn meine Mutter und mein Stiefvater fernsahen, musste ich in meinem Zimmer bleiben. Gewährten sie mir dennoch einmal das seltene Privileg, mich zu ihnen setzen zu dürfen, hatte ich mucksmäuschenstill zu sein. Gab ich auch nur einen Laut von mir – und sei es auch nur ein Lachen –, musste ich sofort das Wohnzimmer verlassen. Wenn ich mich schon nicht in Luft auflösen konnte, sollte ich mich wenigstens so lautlos wie ein Schatten verhalten. Die eiskalte Ablehnung meines Stiefvaters ging sogar so weit, dass ich nicht mehr zusammen mit ihm und meiner Mutter die Mahlzeiten einnehmen durfte. »Los! Hol dir dein Essen!«, rief meine Mutter stets aus der Küche, kurz bevor die beiden sich zu Tisch setzten. Lustlos trabte ich dann zu ihr, nahm meinen Teller entgegen und zog mich wieder in mein Zimmer zurück. Während ich einsam und traurig mein Essen in mich hineinlöffelte, hörte ich, wie meine Mutter und mein Stiefvater sich angeregt unterhielten. Nicht einmal zu Weihnachten durfte ich am Tisch Platz nehmen. Wie eine Ausgestoßene lebte ich im Exil meines Zimmers.

In der ersten Zeit kam es noch ab und zu vor, dass meine Mutter mir ein größeres Stück Fleisch als sonst gab. Sobald sie mir den Teller in die Hand gedrückt hatte, fuhr sie mich auch schon an: »Los! Mach schon! Ab in dein Zimmer damit!« Es wirkte fast so, als habe sie Angst, dass mein Stiefvater die große Portion sehen könnte. »Vielleicht setzt er sie ja unter Druck, mich so schlecht zu behandeln«, ging es mir in jenen Momenten durch den Kopf. Wenn ich allerdings daran dachte, wie die beiden miteinander umgingen, konnte ich mir kaum vorstellen, dass meine Mutter sich von meinem Stiefvater etwas vorschreiben ließ. Sie war diejenige, die eindeutig die Hosen anhatte und stets ihren Willen durchsetzte. Aber wenn er keinen Druck auf sie ausübte, dann waren es bestimmt die Tabletten, die sie nach wie vor Tag für Tag schluckte. Eines von beiden *musste* die Ursache sein. Jedenfalls wollte ich einfach nicht glauben, dass meine Mutter tatsächlich so kalt und gefühllos war. Nein, das konnte nicht sein. Trotz aller Enttäuschungen klammerte ich mich auch weiterhin an die Hoffnung, dass meine Mutter mich insgeheim genauso liebte wie ich sie.

Immer öfter saß ich sehnsuchtsvoll in meinem Zimmer und dachte an Omas liebevolle Umarmungen, ihre sanfte Stimme und ihren gütigen Blick. Ich hätte alles dafür gegeben, die Zeit zurückdrehen zu können. Nicht einmal unser lieber Aro war mir geblieben. Nach Omas Tod hatte meine Mutter ihn nur noch allein vor die Tür gelassen, weil sie keine Lust hatte, mit ihm spazieren zu gehen. Aus Trauer um sein Frauchen war Aro offenbar immer wieder die alten Spazierwege Richtung Wald gelaufen, bis er eines Tages von einem Bus erfasst wurde und im Gebüsch am Straßenrand traurig verendete. Nachbarn entdeckten ihn dort und gaben uns Bescheid. »Wenn Omi das alles wüsste«, dachte ich niedergeschlagen und weinte oft leise vor mich hin.

Nach einer Weile stand meine Mutter nicht nur voll und ganz auf Seiten meines Stiefvaters, sie übertraf ihn sogar noch. Sie redete kein Wort mehr mit mir. Wenn überhaupt, dann schrie sie mich derart laut an, dass ich jedes Mal erschreckt zusammenfuhr. Ihr Ton wurde immer abfälliger und aggressiver. »Du wirst genau wie dein Vater, der Scheißkerl! Zu nichts nütze. Schau dich doch an, du siehst ja auch schon so aus wie er!«, keifte sie so hasserfüllt, dass ich unwillkürlich den Kopf einzog. Schon mehr als einmal hatte sie mich grundlos geohrfeigt. Dabei bestätigten alle Leute, dass ich ihr und nicht meinem Vater ähnlich sähe. Doch sie behandelte mich wie ein unerwünschtes Überbleibsel aus der Vergangenheit, einer Zeit, die sie am liebsten aus ihrer Erinnerung gelöscht hätte.

Seit Omas Tod gab es niemanden mehr, der für mich eintrat und mich in Schutz nahm. Deshalb war ich für meine Mutter schon bald der ideale Sündenbock. Egal ob kein frisches Brot da war, die Wohnung unordentlich aussah oder der Fernseher nicht richtig funktionierte – alles war meine Schuld. Obwohl ich mir die größte Mühe gab, ihr alles recht zu machen und mich möglichst unauffällig zu verhalten, schikanierte sie mich Tag und Nacht. Sie war wie eine tickende Zeitbombe – sie konnte jeden Moment explodieren, ohne dass ich auch nur die geringste Chance hatte, irgendwo in Deckung zu gehen.

Einmal kam sie mitten in der Nacht in mein Zimmer und brüllte mich aus dem Schlaf: »Du blöde Kuh hast den Müll wieder nicht rausgetragen!« Sofort saß ich hellwach im Bett und blickte sie erschrocken an. Im nächsten Moment zerrte sie mich an meinen Haaren heraus, drückte mir den Müllbeutel in die Hand und trieb mich mit Schlägen und Tritten vor sich her zur Wohnungstür. Ehe ich mich versah, stand ich im Hausflur und die Tür fiel hinter mir ins Schloss. Es war alles so schnell gegangen, dass ich nicht einmal Zeit gehabt hatte, mir Pantoffeln anzuziehen oder eine Jacke überzuwerfen. Doch bevor ich den Abfall nicht weggebracht hatte, brauchte ich gar nicht zu klingeln. Die Mülltonnen unserer Wohnanlage befanden sich etwa 500 Meter vom Haus entfernt. So schnell ich konnte, spurtete ich los, stopfte den Müllbeutel in die Tonne und rannte in Windeseile zurück in den Hausflur. Dann klingelte ich an unserer Wohnungstür. Ich klingelte und klingelte, aber niemand öffnete mir. Was sollte ich denn jetzt bloß tun? Mir blieb nichts anderes übrig, als vor der Tür zu warten. Im Schutz des Türrahmens ging ich in die Hocke, zog die Pyjamahose über meine nackten Füße und schlang fröstelnd die Arme um meine Schultern. Als ich nach ungefähr einer halben Stunde schon kaum mehr damit gerechnet hatte, ging plötzlich die Tür auf. »Schnell zurück in mein warmes Bett!«, schoss es mir durch den Kopf. Ich stand auf und blickte in das finstere Gesicht meiner Mutter. Noch bevor ich recht wusste, wie mir geschah, hatte sie mir rechts und links eine Ohrfeige verpasst. »Verschwinde! Ich will dich hier nicht mehr sehen!«, schnauzte sie mich an und schlug mir die Tür vor der Nase zu. Weinend flehte ich sie an, mich hineinzulassen. Keine Reaktion. Verzweifelt hämmerte ich an die Wohnungstür. Nichts.

Schließlich sank ich erschöpft auf die Knie und schluchzte leise vor mich hin. Meine Augen brannten und meine Kehle war staubtrocken. Auf einmal wurde die Wohnungstür einen Spalt breit geöffnet. Als ich aufsah, erblickte ich das Gesicht meines Stiefvaters, den ich offenbar durch mein Klopfen geweckt hatte. Mit teilnahmsloser Miene starrte er mich einen Moment lang an, dann schloss auch er die Tür einfach wieder, und ich hörte, wie sich seine Schritte entfernten. Wie konnte er nur so kaltherzig sein? Er hatte einfach durch mich hindurchgesehen. Ich schauderte. Wenn das doch alles bloß ein Albtraum wäre und ich morgen früh in meinem warmen, kuscheligen Bett aufwachen würde ... Doch die eisige Kälte, die von meinen Füßen heraufzog, bewies mir das Gegenteil. Immerhin waren minus 25 Grad im Winter keine Seltenheit. Bibbernd rollte ich mich auf der Fußmatte zu einer Kugel zusammen und versuchte erfolglos, mich einigermaßen warm zu halten. Durch einen Spalt im Fenster des Treppenhauses pfiff ein eisiger Wind. Nach einer Weile fühlte sich mein Körper ganz steif an. »Du schaffst das! Das geht vorbei!«, versuchte ich mir zitternd Mut zu machen. An Schlaf war in diesem Zustand natürlich nicht zu denken.

Nach einer gefühlten Ewigkeit fing es draußen an zu dämmern. Im Hausflur war noch alles ruhig. Da! Ein leises Knarren. Unsere Wohnungstür öffnete sich. Mein Stiefvater trat warm eingepackt mit Handschuhen und einer dicken Pudelmütze auf dem Kopf heraus. Wie jeden Morgen um sechs Uhr ging er zur Arbeit. Ohne mich eines Blickes zu würdigen, machte er wortlos einen Bogen um mich herum und ging die Treppe hinunter. Geschwind nutzte ich die Gelegenheit und huschte durch die offene Tür in die Wohnung und in mein Zimmer. Ich zog meine Bettdecke bis zur Nasenspitze hoch und hoffte, dass ich meine Füße bald wieder spüren würde.

Immerhin hatte ich vor meiner Mutter erst mal Ruhe, weil sie meist bis mittags schlief.

Schon bald gehörten die nächtlichen Rauswürfe zu den Lieblingsschikanen meiner Mutter. Woche für Woche kam sie mindestens einmal unter irgendeinem Vorwand in mein Zimmer und prügelte mich vor die Tür. Nachdem ich bereits einige Nächte vor Kälte zitternd auf der Fußmatte verbracht hatte, fiel mir der Trockenraum im Keller ein. Dort war es bestimmt ein wenig wärmer als in dem zugigen Hausflur. Langsam schlich ich die Stufen hinunter. Im Keller war es stockfinster, weil die Glühbirnen an der Decke immer wieder geklaut wurden. Vor Angst schlug mir das Herz bis zum Hals. Doch was blieb mir anderes übrig? Vorsichtig tastete ich mich voran. Als ich den Trockenraum erreichte, drückte ich zaghaft die Türklinke herunter. Ein Schwall muffiger Luft schlug mir entgegen. Es roch nach verfaultem Essen und Urin. Übelkeit stieg in mir hoch. Auf dem Boden verstreut lagen alte Zeitungen, leere Dosen und andere Verpackungsreste. Als ich die Tür hinter mir schloss, raschelte es plötzlich in meinem Rücken. Waren das Mäuse? Oder gar Ratten? Ich bekam eine Gänsehaut. Schließlich waren hier im Keller schon öfter Ratten an mir vorbeigehuscht. Am liebsten wäre ich sofort weggelaufen, aber der Gedanke an eine weitere Nacht in dem eiskalten Flur hielt mich zurück. »Beruhige dich, Jana«, sagte ich zu mir selbst. »Das geht schon irgendwie.« Ich suchte mir einen Platz zwischen den alten Zeitungen, deckte mich mit ein paar Seiten zu, schloss die Augen und befahl mir, nicht weiter auf irgendwelche Geräusche zu achten.

Nach ein paar Wochen hatte meine neue nächtliche Unterkunft tatsächlich ihren Schrecken verloren, und ich konnte manchmal sogar ein wenig schlafen. Meist lag ich jedoch bis zur Dämmerung wach. Dann ging ich nach oben, setzte mich neben unsere Wohnungstür und wartete, bis mein Stiefvater sich wie immer auf den Weg zur Arbeit machte: stumm und ohne mich anzusehen. Sobald er den Treppenabsatz erreicht hatte, schlich ich mich todmüde wieder in die Wohnung.

Während meiner Zeit bei Großmutter hatte ich ein Mädchen namens Barbara kennengelernt. Barbara wohnte in unserer Straße und stammte aus einer großen Familie. Sie hatte sechs kleinere Geschwister, auf die sie oft aufpassen musste. Alle gingen sehr liebevoll miteinander um. »Eine richtig glückliche Familie«, dachte ich oft. Barbara und ich besuchten uns gegenseitig und wurden rasch gute Freundinnen. Nach Omas Tod hatte meine Mutter erlaubt, dass Barbara mich auch weiterhin besuchen durfte, allerdings unter der strikten Auflage, dass aus meinem Zimmer auch nicht das geringste Geräusch drang. Ich freute mich jedes Mal sehr auf das Zusammensein mit meiner Freundin. Wir hörten leise unsere Lieblingsmusik, tauschten Geheimnisse aus oder unterhielten uns einfach stundenlang. Wenn Barbara da war, konnte ich mein trauriges Dasein eine Zeitlang vergessen. Was ich zu Hause durchmachen musste, erzählte ich ihr allerdings nicht. Einerseits schämte ich mich und andererseits fürchtete ich, dass meine Mutter davon Wind bekommen und alles noch schlimmer werden könnte. Und überhaupt: Was hätte ein Mädchen, das im gleichen Alter war wie ich, schon ausrichten können?

Noch dazu kam meine Mutter fast jedes Mal, wenn Barbara da war, in mein Zimmer und spielte die lockere, kumpelhafte Mama. Sie alberte herum wie ein Teenager, knuffte mich in die Seite oder kicherte über irgendwelche dummen Scherze. »Und heute Nacht wirfst du mich wieder aus der Wohnung«, dachte ich frustriert. Da ich die kostbare Zeit mit Barbara nicht mit ihrer Show vergeuden wollte, nahm ich eines Tages meinen ganzen Mut zusammen: »Könntest du bitte gehen? Wir möchten gern allein sein«, bat ich sie. Überrascht blickte meine Mutter mich an. Was dann folgte, glich einem jener Horrorfilme, in denen sich ein Mensch in einen Werwolf verwandelt: Von einer Sekunde auf die andere verengten sich ihre Augen zu Schlitzen, ihre Gesichtszüge verzogen sich zu einer grimmigen Fratze und sie stürzte sich wie ein Raubtier auf mich. Schon spürte ich ihre Hände um meinen Hals und schnappte nach Luft. Immer fester umschlossen ihre Finger meine Kehle, sodass ich nur noch hilflos röcheln konnte. Barbara schrie entsetzt auf und rannte aus dem Zimmer, während ich verzweifelt versuchte, mich aus dem Würgegriff meiner Mutter zu befreien. Trotz ihrer zierlichen Statur schien sie in ihrer blinden Wut Bärenkräfte zu entwickeln. Wie von Sinnen spuckte sie mir ins Gesicht und drückte noch fester zu. »Los! Tu was! Sonst bringt sie dich um!«, schoss es mir panisch durch den Kopf. In meiner Todesangst gelang es mir tatsächlich irgendwie, ihre Handgelenke von meinem Hals zu reißen. Und dann stürmte ich so schnell ich konnte aus der Wohnung. Ich war so verstört, dass ich mich zwei Tage lang nicht mehr nach Hause traute. Tagsüber stromerte ich ziellos in der Gegend herum, nachts schlief ich im Trockenraum. Um meinen Hunger zu stillen, stibitzte ich mir aus unserem Vorratskeller ein Glas mit selbst gemachter Marmelade, die noch von Oma stammte.

Barbara hatte dieser Vorfall so schockiert, dass sie mich fortan mied. Zweifellos hatte sie so etwas in ihrer Familie noch nie erlebt. Ich konnte Barbara verstehen, aber der Verlust meiner einzigen Freundin machte mich schrecklich traurig. Und meine Mutter? Musste ich damit rechnen, dass sie irgendwann wieder derart ausrasten würde? Fuchsteufelswild hatte ich sie ja schon oft erlebt. Doch dieses Mal … Ich konnte den Gedanken kaum zu Ende bringen, so furchtbar war er. Dieses Mal – da war ich mir sicher – hätte sie mich tatsächlich umgebracht. Meine eigene Mutter hätte mich erwürgt!

Meine familiäre Situation wirkte sich auch immer stärker auf meine schulischen Leistungen aus. Nach einer unruhigen Nacht im Keller war ich meist so übermüdet, dass ich wiederholt im Unterricht einschlief. Oft ging ich morgens nicht nur ohne Frühstück aus dem Haus, ich hatte auch kein Pausenbrot dabei, sodass ich mich vor lauter Hunger kaum konzentrieren konnte. Auch meine Kleidung war lange nicht mehr so sauber und schick wie zu Omas Zeiten. Meine Lehrer waren zwar recht nett, doch für den Grund meiner Müdigkeit oder meines knurrenden Magens interessierten sie sich nicht. Sie zogen ihren Schulstoff im vorgeschriebenen Tempo durch, und wer nicht folgen konnte, bekam eben schlechte Noten. Obwohl ich mir große Mühe gab, von meinen Mitschülern akzeptiert zu werden, geriet ich zunehmend ins Abseits. In den Pausen stand ich meist allein auf dem Schulhof herum. Die Mädchen mieden mich und den Jungen machte es Spaß, mich wegen meiner schmuddeligen Kleidung oder meiner Fehler im Unterricht aufzuziehen. Sie konnten so gemein sein! »Von denen lasse ich mich nicht unterkriegen«, schwor ich mir. »Denen werd ich's zeigen!« Und so wehrte ich mich mit der einzigen »Waffe«, die ich von zu Hause kannte: mit meinen Fäusten. Bald war ich immer öfter in Schlägereien verwickelt, aus denen ich sogar häufig als Siegerin hervorging. Schließlich hatte ich von meinen Eltern gelernt, wie man richtig zuschlägt, und oft genug hatte ich am eigenen Leib erfahren müssen, an welchen Stellen es besonders weh tut. Gut fühlte ich mich nach meinen Siegen aber nicht, denn im Grunde meines Herzens verabscheute ich Gewalt. Doch ich wusste mir einfach nicht anders zu helfen. Viel lieber hätte ich zur Klassengemeinschaft gehört, mich mit den anderen Mädchen und Jungen unterhalten, mit ihnen gelacht und einfach eine gute Zeit gehabt. Stattdessen wurde ich mehr und mehr zur Außenseiterin.

Meine Fäuste verschafften mir zwar eine Zeitlang Ruhe vor dem Spott meiner Mitschüler, doch dafür geriet ich ins Visier der Lehrer. Unentschuldigtes Fehlen, schlechte Noten, aggressives Verhalten – bald schon hatte ich den Ruf eines Problemkindes. So dauerte es auch nicht lange, bis ich zur Schulpädagogin musste. Mit einem flauen Gefühl im Magen machte ich mich auf den Weg zu ihrem Büro. »Was die wohl von mir will?«, überlegte ich bange. Widerstrebend öffnete ich die Tür. »Hallo Jana, komm doch bitte herein und setz dich.« Zu meiner Überraschung wurde ich von einer sanften Stimme begrüßt, die mich an die Stimme meiner Oma erinnerte. Und nicht nur ihre Stimme war sanft – die Schulpädagogin behandelte mich so freundlich und war so einfühlsam, dass ich auf der Stelle Vertrauen zu ihr fasste und ihr mein Herz ausschüttete. Plötzlich brachen all die schrecklichen Erlebnisse der letzten Monate aus mir heraus, als habe sich in meinem Inneren eine Schleuse geöffnet. Heftig schluchzend musste ich immer wieder innehalten, während ich erzählte und erzählte und erzählte – endlich konnte ich alles loswerden, was so schwer auf meiner Seele lastete.

Sichtlich ergriffen von meiner Schilderung informierte die Schulpädagogin die Schulleitung, welche kurz darauf meine Mutter einbestellte. Doch meine Mutter verstand es, sich gut zu verstellen, und versuchte, der Schulleitung redegewandt weiszumachen, dass ich mir das alles bloß ausgedacht hätte. Ohnehin in einem schwierigen Alter käme ich einfach nicht über den Tod meiner Oma hinweg, zu der ich ein sehr enges

Verhältnis gehabt hätte, und würde seitdem immer aufsässiger. Die Schulleitung informierte trotzdem das Jugendamt, um sicherzugehen, dass bei mir zu Hause tatsächlich alles in Ordnung war. Daraufhin bekamen wir dreimal Besuch von einem Mitarbeiter des Jugendamts, der sich unsere Wohnung anschaute und sich nach meinem Befinden erkundigte. Vor lauter Angst kriegte ich kaum ein Wort heraus, hatte meine Mutter mir doch vorab unmissverständlich klargemacht, was mir blühen würde, wenn ich auch nur einen falschen Ton von mir gab. Da der Mann sich aber auch bei unseren Nachbarn umhörte, hatte ich die Hoffnung, dass er wenigstens von ihnen die Wahrheit erfahren würde; schließlich hatten sie des Öfteren gesehen, wie ich spätabends im Hausflur kauerte. Einmal hatte mich eine Nachbarin sogar gefragt, was ich denn um diese Zeit dort machen würde. Als ich ihr sagte, dass meine Mutter mich nicht in die Wohnung ließ, warf sie mir einen mitleidsvollen Blick zu – das war aber auch schon alles. Unternommen hat sie nichts. »Wahrscheinlich will sie keinen Ärger«, dachte ich damals, zumal meine Mutter in unserem Viertel für ihre böse Zunge bekannt war. Leider war es diesmal nicht anders. »Die Nachbarn haben ebenfalls bestätigt, dass bei Ihnen alles in Ordnung ist«, erklärte uns der Mitarbeiter des Jugendamts. Damit war der Fall für die Behörden erledigt. Mein Hilferuf war erfolglos verhallt. Der Terror ging weiter.

Die Prügeleien und nächtlichen Rausschmisse nahmen kein Ende. Mit wachsender Verzweiflung überlegte ich, bei wem ich noch Hilfe suchen könnte. Da fiel mir ein älteres Ehepaar ein, Verwandte meiner Großmutter, die wir hin und wieder gemeinsam besucht hatten. Sie schienen Kinder genauso gern zu haben wie Oma und waren immer sehr nett zu mir gewesen. Vielleicht könnten sie ja meiner Mutter ins Gewissen reden. Und was hatte ich schon zu verlieren? So, wie es jetzt war, würde ich es nicht mehr lange aushalten. Ja, ich musste es einfach versuchen! Ein wenig aufgeregt und doch voller Hoffnung machte ich mich auf den Weg. Genau wie früher begrüßten mich die beiden sehr herzlich und luden mich sogleich zu Kakao und Keksen ein. Wir machten es uns im Wohnzimmer gemütlich und unterhielten uns zunächst ein wenig über dies und das, bevor ich meinen ganzen Mut zusammennahm und ihnen erzählte, was ich zu Hause durchmachen musste. Das Ehepaar war sichtlich schockiert.

Kurz darauf griff die Frau zum Telefon und rief meine Mutter an. Sie sagte ihr, dass ich bei ihnen sei, und bat sie, doch einmal vorbeizuschauen. Eine halbe Stunde später stand meine Mutter auch schon vor der Tür. »Es ist ja schon so lange her. Wie schön, dass wir uns endlich wiedersehen!«, begrüßte sie die beiden mit einem breiten Lächeln. »Was gibt es denn?«, wollte sie mit Unschuldsmiene wissen, als sie sich zu uns setzte. Das entspannte Lächeln fiel ihr allerdings aus dem Gesicht, als die Frau ihr erzählte, was ich soeben berichtet hatte. Mucksmäuschenstill saß ich in der Runde und blickte verstohlen zu meiner Mutter. Ich bemerkte, wie sich ihr Körper anspannte, wie sie ihre Lippen zusammenpresste und eine sachlich-kühle Miene aufsetzte. Wie würde sie reagieren? Würde sie wenigstens zugeben, dass sie mich schlug? Immerhin waren die beiden nicht nur zwei nette ältere Menschen, sondern auch Verwandte von uns. Sicherlich würden sie ihr Eingeständnis vertraulich behandeln und keine Behörden alarmieren. Und außerdem waren doch wahrscheinlich sowieso nur die blöden Tabletten an allem schuld, die meine Mutter ständig schluckte. Vor lauter Anspannung vergaß ich fast zu atmen. Hoffentlich würde mein Hilferuf diesmal erhört! Denn mein Leben wurde von Tag zu Tag unerträglicher.

Ich spürte, wie meine Mutter mir einen Blick zuwarf, der nichts Gutes verhieß. Dann holte sie tief Luft und zog vor den beiden die gleiche Nummer ab wie vor der Schulleitung und dem Mitarbeiter des Jugendamts. Erneut behauptete sie, dass das Ganze nur Schauergeschichten seien, einzig und allein das Produkt meiner Fantasie. Seit Omas Tod sei ich immer verschlossener und widerspenstiger geworden, obwohl sie und mein Stiefvater sich nach Kräften um mich bemühten. So log sie das Blaue vom Himmel herunter, ohne auch nur mit der Wimper zu zucken. »Ich weiß bald wirklich nicht mehr, was ich mit dem Mädchen machen soll!«, schloss sie mit einem tiefen Seufzer und einem zerknirschten Gesichtsausdruck. An meiner Mutter war wirklich eine Schauspielerin verloren gegangen. Die beiden älteren Leute schauten mich auffordernd an, aber ich brachte keinen Ton heraus. Seit dem schrecklichen Vorfall mit Barbara wagte ich erst recht nicht mehr, meiner Mutter zu widersprechen. Schon gar nicht in Gegenwart anderer. Nach einem Moment des Schweigens wechselten unsere Verwandten einen ratlosen Blick. Ich konnte mir vorstellen, was in ihren Köpfen vorging: War meine Oma nicht eine herzensgute und kinderliebe Frau gewesen? Und kannten sie meine Mutter nicht schon von Jugend an? Sicherlich, sie hatte den Ruf, arbeitsscheu zu sein und gerne zu tratschen. Aber die eigene Tochter misshandeln? Das war doch etwas völlig anderes! Vielleicht hatte ich mir das alles ja wirklich nur ausgedacht, weil ich eifersüchtig auf meinen Stiefvater war und meiner Mutter eins auswischen wollte? Schließlich war die Show meiner Mutter außerordentlich überzeugend gewesen. Wenn sie alle Argumente gegeneinander aufwogen, kamen sie bestimmt zu dem Schluss, dass meine viel unglaubwürdiger waren.

Tatsächlich trat meine schlimmste Befürchtung ein: Sie glaubten meiner Mutter und beendeten so schnell wie möglich das

Gespräch, das ihnen sichtlich unangenehm war. Mir rutschte das Herz in die Hose, denn ich ahnte, was mir nun bevorstand. Beklommen reichte ich dem Ehepaar zum Abschied die Hand. Kaum hatten wir uns einige Meter vom Haus entfernt, zerrte mich meine Mutter hinter eine Hecke und fing auch schon an, mit ihren Fäusten auf mich einzuhämmern und mir das Haar büschelweise auszureißen. Als ich zu Boden sank, trat sie so lange auf mich ein, bis ich nur noch leise vor mich hin wimmerte. »Los! Ab nach Hause!«, schnauzte sie mich an, drehte sich um und marschierte im Eiltempo davon. Ich rappelte mich hoch, doch vor Schmerzen war ich kaum in der Lage, mich auf den Beinen zu halten. »Nach Hause?«, dachte ich zitternd. »Mein Zuhause ist die Hölle.« In diesem Moment wurde mir schlagartig bewusst, dass ich völlig auf mich allein gestellt war. Niemand würde mir zu Hilfe eilen. Ich musste mir selbst helfen. Doch wie um alles in der Welt sollte ich das anstellen?

Fortan versuchte ich noch mehr als zuvor, meiner Mutter alles recht zu machen. Dabei war es ihr vollkommen egal, ob ich zur Schule ging oder nicht. Sie war ausschließlich daran interessiert, dass ich meine täglichen Pflichten als Kindermädchen, Putzfrau und vor allem als ihr Tablettenkurier erfüllte. Also kümmerte ich mich jeden Morgen nach dem Aufstehen als Erstes um meine kleine Schwester, zog sie an und fütterte sie, bevor ich versuchte, in der Wohnung ein wenig Ordnung zu schaffen. Das war allerdings gar nicht so leicht, da der Haushalt seit Omas Tod mehr und mehr vergammelte: In der Küche türmte sich das benutzte Geschirr, im Bad stapelten sich Berge dreckiger Wäsche und überall lagen alte Zeitungen und ungeöffnete Briefe herum. Allzu viel Zeit blieb mir für die Hausarbeit auch nicht, weil ich fast jeden Tag zum Arzt musste, um meiner Mutter neue Beruhigungsmittel zu besorgen.

Ihre Tablettensucht war inzwischen so schlimm geworden, dass sie innerhalb von zwei Tagen eine ganze Packung aufbrauchte. Da der Arzt ihr aber nur eine Packung pro Monat verschreiben durfte, musste ich inzwischen viele verschiedene Praxen in allen möglichen Stadtteilen aufsuchen.

»Meine Mutter ist krank und kann leider nicht selbst kommen«, log ich jedes Mal, damit die Ärzte mir, einem zwölfjährigen Mädchen, das Rezept aushändigten. Einmal weigerte sich ein Arzt dennoch, aber nicht wegen meines Alters, sondern weil er meiner Mutter in diesem Monat schon ein Rezept ausgestellt hatte. Als ich mit leeren Händen nach Hause kam, schäumte meine Mutter vor Wut. Sie riss ein großes Messer aus der Küchenschublade und setzte es mir an die Kehle. »Ich bring dich um!«, schrie sie, und ein Blick in ihr fahles, schweißnasses Gesicht mit den irre flackernden Augen genügte, um zu wissen, dass sie es ernst meinte. Wenn ich noch mal versagte, wäre das mein Tod.

Seit diesem Erlebnis tat ich alles, um bloß nicht mehr unverrichteter Dinge vor meine Mutter treten zu müssen. Ich bettelte, jammerte und flehte, und wenn ich dann mein Ziel erreicht hatte, drückte ich den kostbaren kleinen Zettel wie einen Schatz fest an meine Brust und marschierte schnurstracks in die nächste Apotheke. »Geschafft!«, dachte ich zutiefst erleichtert, sobald ich die Tablettenpackung in Händen hielt. Damit war meine Mutter wenigstens für eine Weile wieder zufrieden mit mir.

Kurze Zeit später jedoch weigerte sich erneut ein Arzt, mir innerhalb eines Monats ein zweites Rezept auszustellen. Ich sah das Messer schon vor mir und geriet in helle Panik. Ich musste das Rezept bekommen! Ich musste! Ich musste! »Meiner Mutter geht es wirklich sehr schlecht! Sie braucht die Tabletten ganz dringend! Machen Sie doch einmal eine Ausnahme! Nur dieses eine Mal!«, flehte ich den Arzt an. Immer und immer wieder versuchte ich verzweifelt, ihn umzustimmen, aber er schüttelte nur bedauernd den Kopf. Mit weichen Knien machte ich mich schließlich auf den Heimweg. Noch auf der Türschwelle brach ich in Tränen aus und gestand meiner Mutter meinen Misserfolg. Zu meiner großen Überraschung reagierte sie völlig gelassen und sagte ganz ruhig: »Warte kurz!« Daraufhin ging sie in die Küche und kehrte mit einer Schere in der Hand zurück. Ehe ich wusste, wie mir geschah, packte sie eine Strähne meiner langen blonden Haare und schnitt sie unmittelbar über der Kopfhaut ab. Starr vor Schreck wagte ich nicht, mich zu rühren. Schon hatte sie die nächste Strähne in der Hand, schnitt auch diese ab und warf sie zu Boden. In aller Seelenruhe machte sie damit so lange weiter, bis ich nur noch Stoppeln auf dem Kopf hatte. Dann drehte sie sich abrupt um und verschwand im Wohnzimmer.

Ich stand immer noch wie erstarrt im Türrahmen und blickte minutenlang auf meine abgeschnittenen Haare auf dem Boden. Ich konnte es kaum fassen, als ich mit der Hand über meine Stoppeln tastete. Was sollte ich denn jetzt bloß tun? So konnte ich doch nicht auf die Straße gehen! Und erst recht nicht in die Schule! Wie so oft fühlte ich mich unendlich gedemütigt. Es war, als würden zentnerschwere Säcke auf meinen Schultern lasten. Nach einer Weile wurde mir klar, dass ich gar keine Wahl hatte: Ich würde mit diesen fürchterlichen Vogelscheuchenstoppeln auf die Straße gehen *müssen*. Schließlich musste ich meiner Mutter auch weiterhin als Tablettenkurier dienen. Ich wusste ja, was sie mir antun würde, wenn ich mich weigerte. Die Verzweiflung schnürte mir die Kehle zu. Wie damals als Dreijährige wünschte ich, mich in Luft auflösen zu können. Einfach unsichtbar, wie vom Erdboden verschluckt. »Mich würde ja ohnehin niemand vermissen«, dachte ich traurig. »Genauso wie mir niemand hilft. Ich muss ganz allein klarkommen.« Plötzlich kam mir eine Idee: Ich würde meine Stoppelhaare schwarz färben. Passend zu meiner tieftraurigen Seele. Vor allem jedoch würde ich mich dadurch deutlich von meiner Mutter und meinem Stiefvater unterscheiden, die beide blond waren. »Das tut sie mir nicht noch mal an!«, schwor ich mir und beschloss zudem, ab jetzt immer eine Kurzhaarfrisur zu tragen.

Wie nicht anders zu erwarten, waren meiner Mutter meine gefärbten Haare vollkommen egal. Und mein Stiefvater? Sah wie immer wortlos durch mich hindurch. Solange sein Essen pünktlich auf dem Tisch stand, er mit seiner kleinen Tochter spielen und abends fernsehen konnte, war er zufrieden. Auch die Tablettensucht seiner Frau nahm er kommentarlos hin. Wahrscheinlich ahnte er nicht einmal, wie viele Tabletten sie inzwischen tagtäglich schluckte. Sie spielte ihm ja auch gekonnt Theater vor: Jeden Tag stand sie kurz vor Mittag auf, um ihm sein Essen zu kochen, dann machte sie sich zurecht und plauderte angeregt mit ihm, sobald er nach Hause kam. Und selbst wenn er über ihren Tablettenkonsum genau Bescheid gewusst hätte – er hätte ja doch nichts dagegen unternehmen können. Meine Mutter hatte ihn voll ihm Griff – mal wickelte sie ihn liebenswürdig um den Finger, mal kommandierte sie ihn herum. Er war wie ein Hampelmann, den sie nach Lust und Laune tanzen ließ.

Eines Tages bekam ich starke Halsschmerzen, begleitet von hohem Fieber und Schüttelfrost. Der Arzt stellte fest, dass ich eine Streptokokken-Infektion hatte. Streptokokken? Das klang gefährlich. Ich sah ihn erschrocken an, aber er beruhigte mich und erklärte mir, dass ich schon bald wieder gesund sein würde. Er verschrieb mir ein Antibiotikum, und nach einer Woche ging es mir tatsächlich schon so gut, dass ich wieder zur Schule gehen wollte. Doch meine Mutter hatte andere Pläne. Gegen meinen Willen schleppte sie mich erneut zu dem Arzt und eröffnete ihm, dass es mir noch keinen Deut besser ginge. Nacht für Nacht bekäme ich immer noch hohes Fieber, welches morgens wieder sinken würde. Während sie schamlos log, schämte ich mich umso mehr und wäre am liebsten im Boden versunken. Aber natürlich traute ich mich nicht, ihr zu widersprechen. Mein Arzt war sichtlich besorgt und beschloss, mich sicherheitshalber zu einer gründlichen Untersuchung ins Krankenhaus zu überweisen. »Wenigstens wird dort der Schwindel bestimmt auffliegen«, dachte ich erleichtert.

Doch da hatte ich die Rechnung ohne meine Mutter gemacht. Bevor sie mich in die Klinik brachte, drückte sie mir ein medizinisches Lexikon in die Hand und befahl mir, den Abschnitt über Streptokokken zu lesen. »Und dass du dir ja alles merkst!«, sagte sie mit drohender Stimme. Je mehr ich mich in den Text hineinvertiefte, desto größer wurde meine Angst. Scharlach, Lungen- und Hirnhautentzündung, Herz- und Nierenerkrankungen – was diese Bakterien nicht alles anrichten konnten! Und immer wieder las ich das Wort »Tod«. Ich schauderte. Ob ich wohl wirklich wieder ganz gesund war? Oder hatte die Infektion sich vielleicht doch irgendwie in meinem Körper ausgebreitet? War ich womöglich sogar lebensgefährlich erkrankt? Mir schwirrte derart der Kopf, dass ich plötzlich überhaupt nicht mehr wusste, was ich denken sollte.

Im Krankenhaus kam ich auf die Kinderstation, die mit ihren kahlen, weiß gestrichenen Wänden ebenso steril und unpersönlich wirkte wie der Rest des Gebäudes. Mir wurde ein spärlich eingerichtetes Zimmer mit zwei Metallbetten zugewiesen. Am Fußende jedes Bettes war die Krankenakte befestigt, in welche auch die täglichen Fiebermesswerte eingetragen wurden. Während die jüngeren Krankenschwestern mich sehr fürsorglich behandelten, waren die älteren eher abweisend. Besonders unangenehm war die Oberschwester, eine kalte, griesgrämige und aufbrausende Person, der nichts und niemand ein Lächeln entlocken konnte. Die Hände in die Hüften gestemmt, baute sie sich Tag für Tag vor mir auf und herrschte mich an: »Los! Mach! Ich brauche eine Urinprobe.« Ich konnte aber nicht auf Kommando Wasser lassen. Und je mehr sie mich drängte, desto länger brauchte ich. »Mach schon! Ich hab nicht den ganzen Tag für dich Zeit«, keifte sie. »Ich versuche es ja, aber es geht nicht so schnell«, erklärte ich. Aber sie zeigte sich völlig ungerührt und schnauzte so lange weiter, bis ich in Tränen ausbrach, was sie nur noch mehr erzürnte.

Dieses Szenario hat sich mir derart eingeprägt, dass ich bis heute nicht in der Lage bin, auf eine öffentliche Toilette zu gehen. Sobald ich einen solchen Raum betrete, fühle ich mich wieder unter Druck – »Los! Mach schon!«, klingt es in meinen Ohren – und mein Körper blockiert.

Um der Ursache meiner »Erkrankung« auf die Spur zu kommen, führten die Ärzte eine ganze Reihe von Untersuchungen durch, von denen manche sehr schmerzhaft waren. Ich erinnere mich daran, dass ich das Einführen einer Magensonde ganz besonders schlimm fand – besser gesagt den mehrmaligen erfolglosen Versuch. Dabei sollte mir ein dünner, langer Schlauch in die Speiseröhre bis hinunter in den Magen geschoben werden. Da ich jedoch schrecklich nervös und angespannt war, musste ich jedes Mal so heftig würgen, dass der Arzt die Untersuchung abbrach. Als es dann nach mehreren Tagen endlich glückte, schmerzte mein gesamter Rachen. Dazu kam die fortwährende psychische Belastung. Einerseits schämte ich mich, die Schwestern und Ärzte, die mir ja nur helfen wollten, absichtlich zu täuschen – denn trotz der Verwirrung, die der Lexikonartikel zunächst gestiftet hatte, war ich wieder zu der Überzeugung gelangt, längst gesund zu sein. Andererseits schärfte mir meine Mutter immer wieder ein, weiterhin krank zu spielen. Wenn sie ins Zimmer kam, galt ihr erster Blick der Fieberkurve in meiner Krankenakte am Bett. Sie hatte mich nämlich angewiesen, so lange am unteren Ende des Quecksilberthermometers zu reiben, bis die Temperatur auf 40 Grad stieg. Widerwillig tat ich, was sie verlangte, sobald die Schwester das Zimmer verlassen hatte – schließlich wusste ich ja, was mich sonst zu Hause erwartet hätte.

Abgesehen von meinem vermeintlichen Fieber konnten die Ärzte allerdings nichts feststellen, sodass ich nach drei Wochen letztlich ohne Befund entlassen wurde. »Du bist einfach zu blöd!«, giftete meine Mutter auf dem Heimweg. Doch das war mir in diesem Moment egal. »Endlich vorbei!« war alles, was ich denken konnte. Leider sollte ich mich auch diesmal irren, denn so leicht gab meine Mutter nicht auf. Mehrere Wochen lang schleppte sie mich von einem Arzt zum anderen, bis sie endlich einen fand, der ihre gewünschte Diagnose bestätigte. Wie sie das geschafft hat, habe ich nie erfahren. Ich verstand auch überhaupt nicht, was sie mit diesem ganzen Theater eigentlich bezweckte. Ich wusste nur, dass ich mich immer schwächer und mutloser fühlte, je länger die Untersuchungen andauerten. Nachdem wir die Praxis verlassen hatten und wieder auf der Straße standen, warf sie mir einen triumphierenden Blick zu. »So! Jetzt beantragen wir eine Krankenrente für dich!«, verkündete sie. Eine Krankenrente?

Das steckte also dahinter! Geld! Dafür hatte ich die unzähligen Untersuchungen über mich ergehen lassen müssen. Eigentlich hätte ich es mir denken können. Inzwischen hatte ich schon oft genug mitbekommen, dass meine Mutter nicht mehr zu bremsen war, wenn sie irgendwo Geld witterte – natürlich nur, solange sie dafür keinen Finger krümmen musste. Diesmal hatte ich die »Arbeit« für sie erledigt. Wie eine Ware hatte sie mich benutzt, um an Geld zu kommen. Welche Ängste und Schmerzen ich dabei ausgestanden hatte, interessierte sie nicht im Mindesten. Hauptsache der Profit stimmte! Fortan kassierte sie jeden Monat mehrere Hundert Zloty Krankenrente für mich. Eine hübsche Summe im damaligen Polen.

Nachdem meine Mutter ihr Ziel erreicht hatte, verfiel sie wieder in ihren alten Trott: Während sie bis mittags schlief, musste ich mich um meine kleine Schwester, den Haushalt und den Tablettennachschub kümmern. Und auch die Prügel und die nächtlichen Rausschmisse brachen wie eh und je ohne erkennbaren Grund über mich herein. Dabei fühlte ich mich nach den wochenlangen Untersuchungen ohnehin schon körperlich geschwächt. Von Tag zu Tag resignierte ich mehr. Niemand interessierte sich für mich. Nirgendwo fand ich ein wenig Liebe und Geborgenheit. Keinem konnte ich von dieser schrecklichen Leere in mir erzählen, die mir mehr und mehr die Kehle zuschnürte. In der Schule war ich nach fast zwei Monaten Abwesenheit noch weiter zurückgefallen. Die meisten Lehrer hatten mich inzwischen aufgegeben. Und meine Mitschüler hatten für mich ja sowieso nur Hohn und Spott übrig. Ausgestoßen, allein, abgeschrieben. Was für ein Leben! So sehr ich auch danach suchte, ich konnte nicht das kleinste Fünkchen Licht am Ende dieses Tunnels ausmachen. Da war nur eine dumpfe, dunkle Leere, unendlich, ausweglos. Warum sollte ich überhaupt noch weitergehen? Um mich immer tiefer in dieser Finsternis zu verfangen? Vielleicht war es besser, Schluss zu machen. Vielleicht war der Tod ja wie ein endloser, ruhiger, tiefer Schlaf. Eine schöne Vorstellung. Keine Ängste, keine Tränen, keine Schmerzen mehr …

Eines Morgens, als ich mich wie immer nach einem nächtlichen Rauswurf in die Wohnung zurückschlich, stand mein Entschluss fest. Alles war still. Meine Mutter und meine kleine Schwester schliefen noch. Ich schritt in die Küche und öffnete die Schublade, in der meine Mutter ihre Medikamente aufbewahrte. Ich nahm zwei Packungen, goss mir ein Glas Wasser ein, drückte alle Tabletten heraus und schluckte eine nach der anderen. Schon bald spürte ich ihre Wirkung. Alles um mich herum begann sich zu drehen, während mich gleichzeitig eine bleierne Müdigkeit überfiel. Schläfrig taumelte ich ins Wohnzimmer und setzte mich – zum ersten Mal seit ihrem Tod – auf Omas Lieblingssessel. Hier wollte auch ich sterben.

Was dann geschah, weiß ich bis heute nicht. Vollkommen benebelt muss ich drei Tage im Tiefschlaf verbracht haben. Ich erinnere mich einzig und allein daran, dass ich mich wiederholt in eine Schüssel übergeben habe. Wahrscheinlich hatte meine Mutter sie neben den Sessel auf den Boden gestellt. Alles andere ist wie ausgelöscht. Schwarz. Ein kompletter Blackout. Irgendwann kam ich wieder zu mir und versuchte, meine Augen zu öffnen, was mich jede Menge Kraft kostete. »Du verreckst schon nicht!«, schnauzte eine Stimme, die – wie ich verschwommen sah – meiner Mutter gehörte. Kopfschüttelnd stand sie vor mir. Allmählich kehrten auch meine anderen Sinne zurück. Ich spürte, dass ich mich immer noch auf Omas Lieblingssessel befand. Nicht einmal ins Bett hatte meine Mutter mich gebracht. *Du verreckst schon nicht!*, hallten ihre Worte in meinen Ohren nach. Und auf einmal war da ein seltsames Gefühl, eine Art Drang, der mich irgendwie innerlich aufrichtete. Als Nächstes formte sich ein klarer Gedanke in meinem umnebelten Gehirn: »Leben! Ich will leben! Deinetwegen sterbe ich nicht!« Erschöpft schloss ich die Augen wieder, doch der Gedanke blieb: »Ja! Ich will leben!«

So merkwürdig es klingen mag: Dieser Selbstmordversuch hatte meinen Lebenswillen gestärkt. So sehr ich zuvor sterben wollte, so sehr wollte ich jetzt leben. »Ich werde das Ende des Tunnels finden!«, davon war ich überzeugt. Ich musste stark sein und nach vorn blicken. Es hatte keinen Zweck, auf Hilfe zu hoffen, die nicht kommen würde. Ebenso wie es keinen Zweck hatte, weiter auf die Liebe meiner Mutter zu hoffen. Unsere Beziehung war eine Einbahnstraße. Immer wieder hatte sie mich enttäuscht und verletzt, und trotzdem liebte ich sie noch immer. Sie war und blieb meine Mutter. Gleichzeitig dämmerte mir, dass nicht allein die Tabletten für ihre kalte und brutale Art verantwortlich waren, sondern vielmehr ihr Charakter. Sie war eben nicht wie andere Mütter, die aufopferungsvoll für das Wohl ihrer Kinder sorgten. Für mein Wohl musste ich selbst sorgen.

Bald darauf stürmte meine Mutter wieder einmal in mein Zimmer. »Du nutzlose Pest! Ich kann meine Briefe nicht finden. Daran bist nur du schuld, du Schlampe! Wo sind sie?« An ihren glasigen Augen und ihrer lallenden Aussprache merkte ich, dass sie sich wieder mit Tabletten vollgestopft hatte. Eilig hastete ich aus meinem Zimmer, ohne allerdings so recht zu wissen, wo ich nach den Briefen suchen sollte. Deshalb lief ich einfach ins Wohnzimmer, wo ich sie aber nicht entdecken konnte. Geduld war nicht gerade Mutters Stärke, und so kam es, wie es kommen musste: Sie prügelte auf mich ein und schmiss mich aus der Wohnung. Niedergeschlagen hockte ich mich auf die Fußmatte und starrte vor mich hin. »Schon wieder eine Nacht bei den Ratten im Keller?«, dachte ich bekümmert. Aber was sollte ich tun? Vielleicht könnte ich ja – wie am Anfang – wieder einmal versuchen, zu bitten und zu betteln, zu jammern und zu flehen. So lange, bis Mama diesmal vielleicht weich werden würde und sich meiner erbarmte. Allerdings musste ich zugeben, dass die Chancen dafür nicht sehr gut standen. Denn leider zählte auch Barmherzigkeit nicht zu den Stärken meiner Mutter. Einen Versuch war es dennoch wert, wenn mir dadurch vielleicht eine weitere Nacht im Keller erspart blieb. Auf jeden Fall musste ich einen günstigen Moment erwischen, denn ansonsten erwartete mich nichts als eine erneute Tracht Prügel.

Ich spähte durch das Schlüsselloch unserer Wohnungstür und konnte direkt ins Wohnzimmer sehen. Meine Mutter und mein Stiefvater saßen vor dem Fernseher. Offenbar waren sie bester Laune. Während er meine kleine Schwester fröhlich auf seinen Knien hin und her schaukelte, scherzte sie mit ihm und lachte. Ich verspürte einen scharfen Stich in meinem Herzen. »Keine Chance!«, dachte ich deprimiert. Wenn ich es jetzt wagte, diese glückliche Familie zu stören, wusste ich, was mir blühte.

Ich wandte den Blick ab. Wie fröhlich und unbeschwert die drei aussahen! Eben wie eine richtige Familie. Und ich? Meine Familie existierte nur auf dem Papier. Im wirklichen Leben hatte ich keine. Meine Mutter und mein Stiefvater wollten mich nicht dabeihaben. Ich war die Ausgestoßene. Wieder einmal überkam mich dieses grauenvolle Gefühl der Leere. »Dein einziger Freund ist die Einsamkeit«, schoss es mir durch den Kopf. Ich fühlte mich so allein, verlassen und vergessen wie ein Schiffbrüchiger auf einer winzigen Insel inmitten des unermesslichen Ozeans. Mein Körper fühlte sich wie eine inhaltslose Hülle an. Und doch wog die Leere so schwer, dass ich unter der Last zusammenzubrechen drohte. Und je länger ich in mich hineinhorchte, umso schwerer wog sie. Ich musste mich ablenken. Sofort! Bloß nicht weiter grübeln! Ich gab mir einen Ruck, ging die Treppe hinunter und trat vor die Tür.

Draußen war es stockdunkel, sodass ich kaum die Umrisse der Häuser erkennen konnte. Ziellos lief ich durch die Straßen, die wie ausgestorben wirkten. Keine Menschenseele war unterwegs. Überall herrschte nahezu gespenstische Stille. Gedankenverloren schlenderte ich durch die verschiedenen Stadtviertel, während ich von einer liebevollen Familie, einem vollen Bauch und einem warmen Bett träumte … »Hey, Jana!«, riss mich eine Stimme unvermittelt aus meinen Träumereien. Wer war das? Ängstlich wandte ich den Kopf und erblickte zu meinem Erstaunen drei Jungen aus meiner Schule. Sie hießen Bartek, Michal und Wojtek, waren etwa in meinem Alter und hatten keinen sonderlich guten Ruf. Lässig schlenderten sie auf mich zu. Sie waren gut drauf, scherzten und lachten, sodass mir ein wenig leichter ums Herz wurde und ich mit ihnen unbefangen über dies und das ins Quatschen kam. Die drei fragten mich nicht, was ich mitten in der Nacht allein auf der Straße suchte. Vielmehr suchten sie selbst eine Bleibe für die Nacht. »Kommst du mit?«, fragte Bartek. Ich zögerte. Aber warum eigentlich nicht? Auf mich wartete ohnehin nur ein muffiger Kellerraum voller Ratten. Also nickte ich zustimmend. Wir gingen zu einer Schrebergartenanlage und Michal sprang einfach über einen Zaun, um sich nach einer Übernachtungsmöglichkeit umzusehen. Ich war ziemlich aufgeregt und hatte Angst, dass wir erwischt werden könnten. Doch da gab Michal uns ein Zeichen, dass wir ihm folgen sollten. Mühelos knackte er das Schloss einer Gartenlaube. Kaum hatten wir es uns in dem kleinen Raum bequem gemacht, packten die drei auch schon Essen und Getränke aus. Ich staunte nicht schlecht über den Berg an leckeren Sachen. »Los, greif zu!«, forderte Wojtek mich großzügig auf. Da ich einen Bärenhunger hatte, ließ ich mir das nicht zweimal sagen. Ich aß so schnell, dass ich mich sogar verschluckte. Doch das war mir völlig egal. Satt wie schon lange nicht mehr schlief ich schließlich zufrieden ein. Die drei Jungs hatten mich ohne Weiteres in ihre Clique aufgenommen. Endlich hatte ich Anschluss gefunden! Endlich hatte meine Einsamkeit ein Ende! Das war das Einzige, was für mich zählte. Dass meine neuen Freunde jugendliche Straftäter waren, interessierte mich in diesem Augenblick nicht.

4. KAPITEL

Aufgenommen – Im Schoß meiner Bande

Nun gehörte ich zur »Olsenbande«, wie Bartek, Michal und Wojtek sich nach einer damals in Polen sehr beliebten dänischen Fernsehserie nannten, deren Helden drei witzige Kleinganoven waren. Genau wie ihre dänischen Vorbilder sahen auch Wojtek, Michal und Bartek völlig unterschiedlich aus: Wojtek war von hoch aufgeschossener, sportlicher Gestalt, Bartek ein kleines, spindeldürres Kerlchen und der mittelgroße Michal hatte etliche Kilos zu viel auf den Rippen. Unbeschwert wie Clowns wollten sie einfach nur Spaß haben und nahmen nichts und niemanden ernst. Den ganzen Tag alberten sie mit jeder Menge Unsinn im Kopf herum. Ich hatte sie schon früher oft in der Nähe des Schulhofs herumhängen sehen, doch auf Lernen hatten sie offensichtlich »null Bock«. Jedenfalls kamen sie schon eine ganze Weile nicht mehr zum Unterricht. An ihre Zukunft verschwendeten die drei keinerlei Gedanken. Sie lebten einfach unbekümmert in den Tag hinein und ließen sich ziellos treiben, ganz so, als hätten sie ihr Leben lang Ferien. Nach den schrecklichen Monaten der Einsamkeit tat mir ihre kindlich ausgelassene Art unendlich gut. Es war herrlich, wieder unbeschwert und lauthals lachen zu können. Am meisten genoss ich jedoch das Gefühl, dass ich dazugehörte und gemocht wurde. Ein wärmendes, behagliches Gefühl, das ich – abgesehen von der Zeit mit Großmutter – immer schmerzlich vermisst hatte. Schon bald waren meine neuen Freunde und ich unzertrennlich. Wir waren wie die Musketiere: einer für alle und alle für einen.

Ebenso wie die »Olsenbande« führten auch meine Kumpel vor jedem ihrer Einbrüche ein kleines Tänzchen auf, um sich Mut zu machen – ohne dass die durchaus realistische Gefahr, von einem Wachhund angefallen oder gar von der Polizei geschnappt zu werden, sie wirklich geängstigt hätte. Rasch begriff ich, dass die Einbrüche für meine Kumpel nichts weiter als ein lustiger Zeitvertreib waren, eine Art Kinderstreich. Um mögliche Konsequenzen scherten sie sich nicht. Irgendwie schien für Bartek, Michal und Wojtek alles nur ein Spiel zu sein. Mir hingegen waren ihre Einbrüche ganz und gar nicht geheuer, hatte ich doch noch nie in meinem Leben gegen das Gesetz verstoßen. Aber wenn ich mich von meiner Bande trennte, wäre ich wieder genauso einsam und verlassen wie eh und je. Und das wollte ich um keinen Preis! Also verschloss ich die Augen vor der Wahrheit und verdrängte den Gedanken, dass meine besten Freunde kriminell waren. Mitmachen wollte ich bei ihren Einbrüchen aber auch nicht. Diese Grenze wollte ich auf keinen Fall überschreiten. Zu meiner großen Erleichterung zeigten die drei Verständnis und versuchten nicht einmal, mich zu überreden. Stattdessen teilten sie sogar noch großzügig die Beute ihrer nächtlichen Streifzüge mit mir.

Wenn Bartek, Michal, Wojtek und ich tagsüber nicht gerade irgendwo abhingen, schlenderten wir durch die Stadt und hielten Ausschau nach einem geeigneten »Objekt« – wie zum Beispiel einem Kiosk –, in das die drei als Nächstes einbrechen konnten. Die Nächte verbrachten wir weiterhin in den Gartenlauben, deren einfache Schlösser für meine Kumpel keine große Hürde darstellten: Ein paar geübte Handgriffe und in Sekundenschnelle waren sie geknackt. Um nicht erwischt zu werden, wechselten wir alle paar Tage den Schlafplatz, was kein Problem war, da es in unserer Gegend viele Schrebergartenanlagen gab. Die hübsch eingerichteten Häuschen standen im krassen Gegensatz zu dem nach Abfall stinkenden, von Ratten bevölkerten Keller, in dem ich davor unzählige Male Zuflucht gesucht hatte. Außerdem war ich nicht nur am ersten Abend meiner Bekanntschaft mit den dreien mit vollem Bauch eingeschlafen – dieses satte, zufriedene Gefühl stellte sich nun jeden Tag aufs Neue ein. »Mit den Jungs geht es mir richtig gut!«, dachte ich oft, kurz bevor mir die Augen zufielen.

Dennoch fing ich nach einer Weile an, meine Mutter zu vermissen. Trotz allem, was sie mir angetan hatte, empfand ich eine starke Sehnsucht nach ihr. Immer öfter lag ich abends noch lange wach und malte mir aus, wie sie mich mit einem freudigen Lächeln empfangen würde. Auch wenn ich sie inzwischen mit anderen Augen sah als noch vor ein paar Jahren, war ich mir sicher, dass sie nach den ganzen Wochen der Ungewissheit erleichtert sein würde, mich gesund und munter wiederzusehen. Ich war hin- und hergerissen. Was sollte ich bloß tun? Zu meiner Mutter zurückkehren oder bei meiner Bande bleiben? Bei den Jungs fühlte ich mich sehr wohl. So gut war es mir seit dem Tod meiner Oma nicht mehr gegangen: Die drei mochten mich, vertrauten mir und sorgten sogar für mich. Außerdem hatten wir eine Menge Spaß miteinander. Und trotzdem fehlte mir meine Mutter. Ich konnte es mir selbst nicht recht erklären, warum ich den Wunsch verspürte, in ihrer Nähe zu sein. Je mehr ich darüber nachgrübelte, desto weniger wusste ich, wie ich mich entscheiden sollte. Da nahm mir das Schicksal die Entscheidung ab.

Nachdem mir wieder einmal vor lauter Nachdenken die Augen zugefallen waren, wurde ich kurz vor Morgengrauen von einem lauten Krachen unsanft aus dem Schlaf gerissen. »Was war das?«, fragte ich mich benommen. Weiter kam ich nicht, denn schon in der nächsten Sekunde lag ich mit dem Gesicht auf dem Boden, während mir jemand sein Knie in den Rücken rammte und meine Hände fesselte. »Polizei!«, schoss es mir durch den Kopf. »Sie haben uns erwischt!« Als ich zur Seite lugte, konnte ich im Strahl einer Taschenlampe tatsächlich mehrere Polizisten erkennen. »Los! Aufstehen! Raus hier! Macht schon!«, brüllte einer, und wir wurden auf die Füße gezerrt und in Richtung Tür gestoßen. Polnische Polizisten waren damals nicht gerade zimperlich. Ihnen rutschte nicht nur schnell die Hand aus, auch Tritte und Schläge mit dem Knüppel standen durchaus auf der Tagesordnung. Dabei spielte es keine Rolle, dass wir Jugendliche waren. In ihren Augen waren wir in erster Linie Verbrecher, die man ruhig rau anfassen durfte.

Vor der Schrebergartenanlage stand ein Polizeibus. Nachdem sie Bartek, Michal, Wojtek und mich in den hinteren Teil des Wagens verfrachtet hatten, stieg ein Beamter zu uns ein, während die übrigen sich nach vorn setzten. Mir war ganz flau im Magen und meine Gedanken überschlugen sich. »Was machen die jetzt mit uns? Gleich einsperren oder zuerst verhören? Besser, wir geben sofort alles zu – oder sollen wir die anderen Schrebergarteneinbrüche abstreiten?« Unsicher spähte ich zu meinen Kumpel, die jedoch – wie immer – ganz entspannt und gelassen wirkten, als wäre das alles gar nichts. »So cool wär ich auch gern«, dachte ich, als der Bus abrupt abbremste und zum Stehen kam. Die Polizisten öffneten die Tür, und da bemerkte ich, dass es draußen schon fast hell war. Was dieser Tag wohl bringen würde?

Die Beamten nahmen als Erstes unsere Personalien auf. Wie sich herausstellte, waren Bartek, Michal und Wojtek schon mehrmals verhaftet worden und kannten die ganze Prozedur bereits. Daher nannten sie lässig, ja fast gelangweilt ihre Namen und Adressen, während ich nervös auf meinem Stuhl hin- und herrutschte. Ich machte mir nicht nur Sorgen, was jetzt mit uns geschehen würde, ich schämte mich zugleich bis auf die Knochen. Nicht genug, dass mich die Lehrer und Nachbarn schon als schwer erziehbar und aufmüpfig abgestempelt hatten, jetzt war ich auch noch »eine Kriminelle«! »Wenigstens muss Omi das nicht mehr miterleben«, dachte ich zerknirscht und blickte niedergeschlagen zu Boden.

Als ich an der Reihe war, meinen Namen zu nennen, hörte ich zu meinem Erstaunen, wie einer der Beamten zu seinem Kollegen sagte: »Moment mal! Den Namen kenne ich! Da liegt doch eine Vermisstenanzeige vor!« Die musste meine Mutter bei der Polizei aufgegeben haben. »Also hatte ich doch recht. Mama hat sich wirklich Sorgen um mich gemacht!«, schoss es mir durch den Kopf. Mit einem Mal fühlte ich mich richtig erleichtert und freute mich beinah darüber, dass wir erwischt worden waren. In diesem Augenblick fielen alle Angst und Scham von mir ab, und ein warmes, zärtliches Gefühl der Zuneigung durchströmte meinen ganzen Körper. Da war eine unbändige Freude in mir, endlich meine Mutter wiederzusehen. Ob sie mich wohl genauso vermisst hatte wie ich sie? »Bestimmt!«, sagte ich mir. »Sonst hätte sie mich ja nicht suchen lassen.«

Die Polizisten brachten mich in einem Streifenwagen nach Hause und erklärten meiner Mutter, wo sie mich aufgegabelt hatten. Aufmerksam hörte sie den Beamten zu. »Nun wird Mama mich gleich anlächeln und erleichtert in die Arme nehmen«, dachte ich. Wie oft hatte ich mir das in letzter Zeit schon ausgemalt! Wieder spürte ich dieses innige Gefühl der Liebe. Als ich meiner Mutter jedoch in die Augen blickte, erkannte ich, dass sie dieses Gefühl nicht erwiderte. Da war keine Spur von Liebe, ja nicht einmal der Hauch von Zuneigung, sondern nur blanker Hass. Unwillkürlich zuckte ich zusammen und ließ enttäuscht den Kopf hängen, als sich auch schon ein Schwall von Beschimpfungen über mich ergoss. »Du nutzloses Stück Dreck! Du bist einfach das Letzte! Du bringst mich noch ins Grab!«, schrie meine Mutter mit schriller Stimme. Und während sie sich immer mehr in Rage brüllte, standen die beiden Beamten seelenruhig daneben. »Gleich explodiert sie wieder«, dachte ich mit zitternden Knien. Prompt packte mich meine Mutter an der Jacke, zerrte mich zu Boden und fing an, mit voller Wucht auf mich einzutreten. Ich riss die Hände schützend zum Kopf. Meine einzige Hoffnung waren die Polizisten. »Die müssen mir doch helfen! Mein Gott, warum greifen die denn nicht ein?« Aber die Polizisten machten nicht die geringsten Anstalten, diese brutale Misshandlung zu beenden. Ein müdes: »Beruhigen Sie sich doch!« war das Einzige, wozu sich einer der beiden durchringen konnte. Meine Mutter schien ihn nicht einmal zu hören. In ihrer blinden Wut drangen keinerlei Worte mehr zu ihr durch. So trat sie immer weiter auf mich ein und beschimpfte mich wüst, bis ihr schließlich die Kraft ausging. Zu spät für mich. Kopf, Brust, Bauch – mein ganzer Körper schmerzte so sehr, dass ich mich nicht mehr bewegen, geschweige denn aufrichten konnte und regungslos am Boden liegen blieb. Als sei nichts passiert, verabschiedeten sich die Polizisten von meiner Mutter und gingen zur Tür. Im Türrahmen drehte sich der Ältere der beiden noch einmal um, blickte ungerührt auf mich nieder und sagte warnend: »Ab morgen will ich dich und die anderen drei in der Schule sehen! Verstanden?!« Damit überließen sie mich meinem Schicksal.

Mein Stiefvater war bei meiner Ankunft sofort mit meiner Stiefschwester im Nebenzimmer verschwunden. Warum ich in Polizeibegleitung kam und wo ich all die Wochen über gewesen war, interessierte ihn nicht. Wahrscheinlich hatte er insgeheim schon darauf gehofft, mich für immer los zu sein. Bevor er die Tür hinter sich schloss, zuckte er noch resigniert mit den Schultern, als wollte er sagen: »Schon wieder! Nichts als Ärger hat man mit der!« Für ihn war ich nach wie vor die unliebsame Fremde, die seine familiäre Idylle störte. Allerdings hatte ich von ihm auch keinerlei Freude über meine Rückkehr erwartet. Die Reaktion meiner Mutter dagegen traf mich mitten ins Herz und schmerzte noch viel mehr als die unzähligen Tritte, die sie mir versetzt hatte. Als es mir nach einer Weile endlich gelang, mich aufzurappeln, schlich ich zutiefst gedemütigt in mein Zimmer.

Kaum war ich am nächsten Morgen aufgewacht, fielen mir auch schon die drohenden Worte des Polizisten wieder ein. Da ich auf keinen Fall erneut Ärger mit der Polizei wollte, versuchte ich in den folgenden Wochen, regelmäßig zur Schule zu gehen. Das war jedoch gar nicht so einfach, denn zu Hause blieb für mich alles beim Alten: Ich verbrachte quälende Nächte im Keller, musste die Wohnung sauber halten und Beruhigungstabletten auftreiben. Natürlich gelang es mir nun erst recht nicht mehr, an das Niveau der Klasse anzuschließen. Dafür hatte ich einfach viel zu lange gefehlt. Doch ich wollte der Polizei wenigstens meinen guten Willen zeigen.

Eines Morgens fingen mich zwei Beamte vor dem Schulgebäude ab. Den Älteren erkannte ich sofort wieder, er war dabei gewesen, als wir in der Gartenlaube aufgegriffen worden waren. »Wo sind deine Kumpel?«, herrschte er mich an. Diese Frage überraschte mich, denn woher sollte ich das denn wissen, da ich die Anweisungen der Polizei strikt befolgte? Also antwortete ich wahrheitsgemäß: »Das weiß ich nicht. Schließlich bin ich ja hier und nicht bei ihnen.« Meine Schlagfertigkeit erzürnte ihn sichtlich. Er lief rot an, machte einen Schritt auf mich zu und baute sich drohend vor mir auf. »Nun hör mal gut zu! Es liegt ganz in *deinem* Interesse, dass deine Kameraden wieder zur Schule gehen. Wenn nicht, bist du nämlich genauso dran wie sie! Ist das klar!?« Ich erschrak und wich unwillkürlich einen Schritt zurück. Man konnte nie wissen, ob ihm nicht im nächsten Moment die Hand ausrutschen würde. Dann drehte ich mich um und lief rasch ins Schulgebäude hinein.

Am nächsten Tag machte ich mich früher als gewöhnlich auf den Weg, um in der Umgebung des Schulhofs nach Bartek, Michal und Wojtek zu suchen. Tatsächlich lungerten die drei dort herum. Ich kam gleich zur Sache und erzählte ihnen von der Drohung des Polizisten. »Na und? Lass den doch quatschen! Ist mir doch egal!«, entgegnete Bartek mit einem abschätzigen Grinsen. Ich traute meinen Ohren nicht. »Wie meinst du das?«, hakte ich nach. Die drei begriffen anscheinend überhaupt nicht, unter welchem Druck ich stand! »So, wie ich es sage!«, erwiderte Bartek mürrisch. Und Michal setzte hinzu: »Wir lassen uns doch von den Bullen nicht einschüchtern!« »Genau!«, pflichtete Wojtek seinen Kumpels bei. Alle drei grinsten mich frech an. Das war eine völlig neue Situation für mich. Drei gegen eine statt einer für alle. Dabei waren wir doch sonst immer einer Meinung gewesen und hatten uns nur mal gegenseitig aufgezogen und herumgealbert. Und nun bildeten sie plötzlich eine undurchdringliche Mauer gegen mich. Was sollte ich denn jetzt tun? Warum verstanden sie mich denn nicht? Das hier war längst kein Spiel mehr! Die Drohung des Polizisten war ernst gemeint. In meiner Fantasie hatte ich mir schon ausgemalt, wie sie uns mit ihren Schlagstöcken verprügelten oder uns ohne Essen eine Woche im Gefängnis schmoren ließen. Ich fühlte mich in die Enge getrieben. Und da ich es nicht gewöhnt war zu argumentieren, tat ich wieder einmal das, was ich von zu Hause kannte: Ich fing an zu schreien. Mein Gezeter weckte die Aufmerksamkeit der umstehenden Schüler, sodass sich in Windeseile eine Traube um uns herum bildete. Bartek, Michal und Wojtek blieben stur und schnauzten zurück. Je heftiger der Streit wurde, desto deutlicher wurde mir die Ausweglosigkeit meiner Situation. Ich hatte keine Chance. Nie und nimmer würde es mir gelingen, die drei davon zu überzeugen, wieder zur Schule zu gehen. Dann eben mit Gewalt! Ich griff nach dem Hemd des kleinen, dürren Bartek und versuchte – angefeuert von den umstehenden Schülern –, ihn in das Schulgebäude zu zerren. Er boxte und trat mich, doch ich ließ nicht locker. Schließlich kamen ihm seine Kumpel zu Hilfe, sodass mir nichts anderes übrig blieb, als den Rückzug anzutreten. Völlig aufgelöst rannte ich davon. Nun würden mir nicht nur die Polizisten weiter im Nacken sitzen, ich hatte mich auch noch mit meinen besten Freunden zerstritten. Wieder einmal stand ich mutterseelenallein da mit meinen Problemen. Lustlos schleppte ich mich in meine Klasse.

Ein paar Tage später fingen die beiden Polizisten mich erneut vor der Schule ab. »Was ist los? Wo sind die anderen? Entweder du sorgst dafür, dass die drei wieder zur Schule kommen, oder es gibt mächtig Ärger für euch alle!«, wiederholte der Ältere seine Drohung. Ich zuckte zusammen und unterdrückte die aufsteigenden Tränen. Mir war, als hätte ich eine Schlinge um den Hals, die Tag für Tag enger gezogen wurde. Warum ausgerechnet ich? Was konnte ich denn schon unternehmen? Gegen Bartek, Michal und Wojtek zusammen war ich doch machtlos. Und überhaupt, warum sorgten die

Polizisten eigentlich nicht selbst dafür, dass die Jungs wieder zur Schule gingen? Warum musste ich, ein 13-jähriges Mädchen, etwas schaffen, das die Polizei nicht auf die Reihe bekam? Wieder einmal fühlte ich mich schrecklich einsam und niedergeschlagen. Wenn es wenigstens einen einzigen Menschen gegeben hätte, dem ich mich hätte anvertrauen können. Schließlich brauchte ich doch selbst Hilfe! Mein Zuhause war die Hölle! Aber es gab niemanden. Oma war tot. Meine Tante lebte weit weg in Kanada. Und meine frühere Freundin Barbara machte einen großen Bogen um mich. Ich war völlig ratlos und am Boden zerstört. Nach meinem Selbstmordversuch hatte ich mir zwar fest vorgenommen, stark zu sein und durchzuhalten und das Licht am Ende des dunklen Tunnels zu finden. Doch jetzt hatte ich von Woche zu Woche mehr das Gefühl, einem Berg von Problemen gegenüberzustehen, den ich nicht überwinden konnte. Wieder einmal sehnte ich mich unbeschreiblich nach ein wenig Wärme und Zuneigung meiner Mutter. Es war wie eine fixe Idee. Auch wenn mein Verstand schon längst resigniert hatte, war mein Herz einfach noch nicht bereit zu glauben, dass meine Mutter tatsächlich keinerlei Liebe für mich empfand. Irgendwo tief in ihrem Inneren *musste* doch ein wenig Mutterliebe schlummern. Wenn es mir nur irgendwie gelingen würde, sie zu wecken … In dieser Situation griff ich zu den Rasierklingen und zerschnitt mir die Unterarme – ein letzter verzweifelter Schrei nach Liebe, der ungehört verhallte. Jetzt hatte ich nur noch eine einzige Hoffnung: Ich musste die Freundschaft meiner Bande zurückgewinnen.

In jener Nacht, als ich – die Arme voll eitriger Wunden – vor den Schlägen meiner Mutter aus der Wohnung geflüchtet war, irrte ich in Tränen aufgelöst ziellos durch die Straßen. Als ich mich endlich etwas beruhigt hatte, fing ich an, nach meinen

Kumpels zu suchen. Da ich ihre Schlupfwinkel kannte, hatte ich sie schon bald aufgestöbert. »Hallo«, begrüßte ich sie ein wenig unsicher. Die drei sahen mich überrascht an. Ich schluckte. Mein Herz schlug schneller. Dann nahm ich all meinen Mut zusammen. »Ich möchte gern wieder zur ›Olsenbande‹ gehören. Nehmt ihr mich wieder auf?« Schweigen. Damit hatten die Jungs wohl nicht gerechnet. Ich erinnerte mich daran, wie ich dem armen Bartek auf dem Schulhof zugesetzt hatte, und mir wurde ganz flau im Magen. Gerade als ich alle Hoffnung aufgeben wollte, sagte Wojtek lässig grinsend: »Geht klar! Kannst wieder bei uns mitmachen.« Mir fiel ein Stein vom Herzen. Als ich schon zu einem innerlichen Luftsprung ansetzte, fuhr Wojtek nach einer kurzen Pause fort: »Aber nur unter einer Bedingung: Ab jetzt bist du bei unseren Einbrüchen dabei. Du hast die Wahl: ganz oder gar nicht.« Damit hatte *ich* nun nicht gerechnet. Ich grübelte hin und her: Einerseits wollte ich mich nicht strafbar machen. Bloß keinen Ärger mehr mit der Polizei! Die Drohungen des Polizisten hatten mir gereicht. Andererseits wollte ich unbedingt wieder Anschluss finden, dazugehören und gemocht werden. Und das war nun einmal nur bei der »Olsenbande« möglich. Von dem Streit vor der Schule mal abgesehen – waren die Jungs nicht die Einzigen, auf die ich zählen konnte? Die mich nie im Stich ließen? Bei denen ich mich wohlfühlte? Ich hielt mir vor Augen, wie sie die Beute ihrer Einbrüche mit mir geteilt hatten, obwohl sie das Risiko allein getragen hatten. War es da nicht fair, wenn ich in Zukunft auch einen Teil beitrug? »Okay«, sagte ich, »ich bin dabei«, woraufhin Wojtek mir freundschaftlich auf die Schulter klopfte. Michal und sogar der kleine Bartek lächelten mich an. Ich entspannte mich etwas und erwiderte ihr Lächeln. Und fühlte mich sofort besser. Wie gut es doch tat, Freunde zu haben!

»Also, dann stehst du künftig Schmiere, während wir einen Laden ausräumen«, ergriff Wojtek erneut das Wort. »Das ist eine verdammt wichtige Aufgabe! Bei der kleinsten Gefahr musst du sofort Alarm schlagen, damit wir noch rechtzeitig abhauen können. Alles klar?« Ich nickte. Nun war ich also ein vollwertiges Mitglied der »Olsenbande«. Unser dummer Streit wurde mit keinem Wort mehr erwähnt. Stattdessen verhielten die Jungs sich mir gegenüber so, als wäre ich nie weggewesen. Mit dem ersten Tag meiner Rückkehr lachten wir wieder miteinander, zogen uns gegenseitig auf und alberten herum wie eh und je. Dafür war ich ihnen zutiefst dankbar. Ich genoss es, wieder aufgenommen worden zu sein. Ich gehörte wieder dazu. »Eigentlich sind die drei wie meine neue Familie«, ging es mir durch den Kopf. »Wir halten zusammen.« Seit dem Streit war mir noch bewusster geworden, dass ich niemanden außer ihnen auf der Welt hatte. Deshalb nahm ich mir fest vor, mich um keinen Preis mehr von meiner Bande zu trennen.

Nacht für Nacht gingen wir im Schutz der Dunkelheit ans Werk. Mal brachen wir in einen kleinen Lebensmittelladen ein, um Essen und Getränke zu stehlen, mal zertrümmerten wir die Scheibe eines Kiosks und stopften uns in Windeseile alles, was wir zu fassen kriegten, in die Taschen, mal raubten wir Kleidungsstücke aus einem Modegeschäft. Hin und wieder liefen uns auch ein paar Alkoholiker über den Weg, die so stark angetrunken waren, dass sie sich kaum noch auf den Beinen halten konnten. Dann stießen wir sie von hinten nieder und raubten ihnen ihre Brieftasche. So traurig der aufgrund der hohen Arbeitslosigkeit um sich greifende Alkoholismus auch war – für uns waren diese armen Leute leichte Beute.

Nach ein paar Wochen musste ich erneut an meine Mutter denken. Ohne dass ich etwas dagegen tun konnte, beschlich mich plötzlich wieder diese Sehnsucht nach ihr. Mit meinen 13 Jahren war es mir einfach nicht möglich, den Wunsch nach ihrer Nähe, nach einer »richtigen« Familie abzustreifen und mir ein Leben ohne sie vorzustellen. Obwohl mir ein eisiger Schauder über den Rücken lief, wenn ich an den »Empfang« dachte, den sie mir beim letzten Mal in Gegenwart der Polizisten bereitet hatte, überlegte ich, wie ich ihr eine Freude machen könnte. Dass mein Anblick allein dafür nicht ausreichte, war mir inzwischen hinreichend klar geworden. Aber Geld, Schmuck, schöne Kleider, gutes Essen – das waren die Dinge, die ein Lächeln auf das Gesicht meiner Mutter zauberten. Da kam mir auf einmal eine Idee. »Natürlich! Das ist es!«, dachte ich aufgeregt. »Ich werde ihr meine Beute bringen. Damit kann ich ganz bestimmt bei ihr punkten!« Voller Erwartung fieberte ich unserem nächsten Einbruch entgegen.

Nachdem die Gartenlauben als Schlafplatz zu riskant geworden waren, übernachteten wir nun auf den Dachböden der zahlreichen Mietskasernen in unserer Gegend. Während meine Kumpel tief und fest schliefen, bekam ich kein Auge zu, so nervös war ich aufgrund des Wiedersehens mit meiner Mutter. Immer wieder wanderte mein Blick zu der kleinen Dachluke. Wann ging denn die Sonne endlich auf? Schließlich war es so weit. Der große Tag war angebrochen. Während die Jungs wie üblich an einem ihrer Lieblingsplätze abhängen wollten, lief ich geradewegs mit meiner Beute nach Hause. Wie jeden Morgen hatte mein Stiefvater sich in aller Frühe zur Arbeit aufgemacht, und so schlich ich mich auf Zehenspitzen in mein Zimmer. Ich wollte warten, bis meine Mutter gegen Mittag aufstand, um ihr dann stolz meine »Geschenke« zu präsentieren. Nachdem ich eine Weile auf meinem Bett gesessen hatte, packte mich eine innere Unruhe. Also stand ich wieder auf und fing an, im Zimmer auf und ab zu laufen. »Hoffentlich funktioniert mein Plan«, dachte ich beklommen. »Wenn ihr meine Sachen nicht gefallen, wird sie bestimmt wieder …« Ich schob den Gedanken beiseite. »Mach dich jetzt bloß nicht verrückt! Es wird schon klappen«, sprach ich mir selbst Mut zu und setzte mich wieder aufs Bett.

Endlich vernahm ich das leise Knarren der Schlafzimmertür. Vorsichtig spähte ich aus meinem Zimmer. Ich erblickte meine Mutter, ungekämmt und noch ein wenig verschlafen. Schüchtern ging ich auf sie zu. »Hallo Mama, ich habe dir was mitgebracht.« Und dann breitete ich meine Beute vor ihr aus: Zigaretten, Obst, Alkohol und ein paar Geldscheine. Für eine Schrecksekunde glaubte ich schon, eine Zornesfalte auf ihrer Stirn zu entdecken, als ihre Augen plötzlich zu glänzen anfingen. Ihre Lippen verzogen sich zu einem Lächeln und sie warf mir einen zufriedenen Blick zu, als wollte sie sagen: »Na sieh mal einer an! Was haben wir denn da Schönes?« Im nächsten Moment griff sie auch schon nach den Geldscheinen, um sie in der Tasche ihres Morgenmantels verschwinden zu lassen. Dann nahm sie eine der Zigarettenschachteln und ging beschwingt in Richtung Küche. Woher die Sachen stammten, interessierte sie nicht.

Ich konnte mein Glück kaum fassen. »Es hat tatsächlich geklappt!«, jubelte ich innerlich. »Mama ist zufrieden mit mir. Sie hat mich sogar angelächelt!« Es kam mir so vor, als sei sie ein wenig stolz auf mich gewesen. Welch ein Augenblick! Ich war so aufgekratzt, dass ich am liebsten zu ihr in die Küche gerannt und ihr um den Hals gefallen wäre. Zum ersten Mal in meinem Leben hatte ich das Gefühl, von meiner Mutter beachtet und anerkannt zu werden. Dass ich mir diese Wertschätzung mit Diebesgut erworben hatte, war mir in dem Moment völlig egal. Dafür war das Glücksgefühl einfach viel zu schön.

Für einige Zeit ließ meine Mutter mich tatsächlich in Ruhe. Keine Beschimpfungen, keine Prügel, keine nächtlichen Rausschmisse mehr. Beachtung schenkte sie mir zwar auch keine, aber ich war trotzdem mehr als zufrieden. Zumindest konnte ich in ihrer Nähe sein. Kaum war das gestohlene Geld jedoch ausgegeben und das restliche Diebesgut aufgebraucht, war leider auch meine »Schonfrist« vorbei und ich wurde erneut mitten in der Nacht vor die Tür gesetzt. Doch diesmal ließ ich mich nicht von der aufkeimenden Traurigkeit überwältigen. Diesmal wusste ich ja, wie ich meine Mutter freundlich stimmen konnte. Was beim ersten Mal funktioniert hatte, würde bestimmt auch beim nächsten Mal klappen. Wenn ich ihr neue Beute brachte, durfte ich sicherlich wieder eine Weile bei ihr bleiben. Meinen Kumpels war es vollkommen egal, was ich mit meinem Teil der heißen Ware anstellte. Und für mich waren die Einbrüche doppelt rentabel, wenn ich dadurch nicht nur weiterhin zur Bande gehörte, sondern auch noch mit der Anerkennung und der Nähe meiner Mutter belohnt wurde. Fortan brachte ich ihr fast meine komplette Beute. Für mich selbst behielt ich nur das Nötigste, etwa ein paar Schuhe oder eine Jacke für den Winter, da meine Mutter mir keine Kleidung kaufte. Jedes Mal, wenn ich mit dem Diebesgut bei ihr auftauchte, betrachtete sie es mit glänzenden Augen, nachdem sie sich gierig das Geld geschnappt hatte. Mir schenkte sie einen zufriedenen Blick. Je umfangreicher und wertvoller die Beute war, desto länger ließ sie mich in Ruhe. Manchmal wartete ich deshalb sogar zwei oder drei Einbrüche ab, bis ich mich mit meiner Ware wieder auf den Weg zu ihr machte.

Nachdem ich nun ein vollwertiges Mitglied der »Olsenbande« war, bezogen mich die Jungs natürlich in die Vorbereitung jedes Diebstahls mit ein. Unser nächster Coup sollte ein ganz großes Ding werden: Wir wollten in einen richtigen Supermarkt einbrechen und groß abräumen. »Ein guter Plan ist alles! Dann kann nichts schiefgehen«, sagte Wojtek im Brustton der Überzeugung. Wir anderen nickten zustimmend. Schließlich hatten wir schon genügend Gaunerfilme im Fernsehen gesehen, und nach unseren Einbrüchen fühlten wir uns wie echte Profis. Da der Supermarkt sich in der Nähe eines Wohnblocks befand, war allerdings höchste Vorsicht geboten. Deshalb wollten wir durch ein Kellerfenster auf der Rückseite des Supermarkts einsteigen. Um so viel wie möglich mitnehmen zu können, beschlossen wir, dass ich diesmal nicht Schmiere stehen, sondern mitmachen würde. »Es muss alles blitzschnell gehen: Kellerfenster knacken, rein, Rucksäcke vollstopfen und sofort wieder raus«, fasste Bartek abschließend noch mal zusammen.

Bei Einbruch der Dunkelheit hatte ich ein flaues Gefühl im Magen. Gleichzeitig freute ich mich aber auch schon auf das zufriedene Lächeln meiner Mutter, das diesmal bestimmt noch breiter ausfallen würde. »Los geht's!«, sagte Wojtek grinsend. »Dann lasst uns mal so richtig fette Beute machen!« Im Schutz der Nacht schlichen wir uns lautlos auf den Hof des Supermarkts. Schon hatte Wojtek das Fenster aufgebrochen, und ich stieg als Erste hinein. Hektisch und ohne mich noch einmal nach meinen Kumpels umzusehen, stürzte ich mich sofort auf die Schätze, die sich da vor mir ausbreiteten. Ich rannte an den Regalen entlang und stopfte meinen Rucksack voll, bis die Nähte zu platzen drohten. Als ich wieder zu unserem Einstieg zurückhastete, blieb ich abrupt stehen. Starr vor Schreck traute ich meinen Augen kaum: Michal, unser »Dicker«, steckte im Fenster fest, zappelte wie wild hin und her und versuchte verzweifelt, sich zu befreien. Um Hilfe rufen konnte er ja schlecht, sonst wäre womöglich noch eine nächtliche Polizeistreife auf uns aufmerksam geworden. »Oh Mist!

Was machen wir denn jetzt?«, schoss es mir durch den Kopf. »Wie sollen wir denn da wieder rauskommen?« Panisch rief ich nach Bartek und Wojtek, die direkt nach mir durch das Fenster geklettert waren. »Verdammt!«, entfuhr es Wojtek, als er die Bescherung sah. Michal wog wahrscheinlich in etwa so viel wie wir übrigen drei zusammen. »Wir müssen ihn da rauskriegen!«, stammelte der kleine Bartek kreideweiß. Auf einmal waren die Jungs gar nicht mehr so cool wie sonst. Mit vereinten Kräften versuchten wir, Michal aus dem Fenster zu stemmen. Ohne Erfolg. Er steckte fest wie ein Pfropfen in der Flasche und bewegte sich keinen Zentimeter. »Los! Versuchen wir es noch mal mit aller Kraft«, trieb Wojtek uns an. Wieder schoben und drückten wir nach Leibeskräften – bis wir Michal endlich befreit hatten. Ich war richtig außer Atem. Die Befreiungsaktion musste mehrere Minuten gedauert haben. Gerade als ich erleichtert aufatmen wollte, hörte ich plötzlich das schrille Heulen einer Polizeisirene. Mit rutschte das Herz in die Hose. Entsetzt schaute ich Bartek und Wojtek an. Statt einer Antwort kletterten die beiden in Windeseile durch das Kellerfenster und ich folgte ihnen auf den Fersen. Draußen nahmen wir ohne ein weiteres Wort die Beine in die Hand und machten uns so schnell wir konnten davon.

Als wäre ein Rudel Wölfe hinter uns her, hetzten wir durch die leeren Straßen der Stadt. Bei dem Tempo, das Bartek, Wojtek und ich vorgaben, hatte Michal größte Mühe zu folgen. Als wir endlich einen unserer Schlupfwinkel erreicht hatten, ließen wir uns völlig außer Atem zu Boden plumpsen. Michal keuchte wie ein Walross, während er seinen hochroten Kopf auf beide Arme stützte. Auch mein Herz klopfte rasend schnell und meine Beine zitterten. »Was für ein Reinfall!«, knurrte Bartek. »Alles für die Katz!« Bei unserer überstürzten Flucht hatten wir die prall gefüllten Rucksäcke natürlich im Supermarkt zurückgelassen. Als ich an die vielen schönen Sachen dachte, die ich eingesteckt hatte, entfuhr mir ein tiefer Seufzer. Damit hätte ich meine Mutter so richtig beeindrucken können! »Wirklich schade!«, stimmte ich Bartek zu. »Dabei lief das Ganze wie am Schnürchen, bis Michal uns alles versaut hat!«, schimpfte Wojtek. »Du Meisterdieb hättest ja auch früher merken können, dass das Fenster für mich zu eng ist«, verteidigte sich Michal. »Ach, hör bloß auf! Es ist allein deine Schuld. Du bist einfach viel zu fett«, blaffte Wojtek zurück. »Genau!«, stieß Bartek ins gleiche Horn. »Na, so spindeldürr und klein wie du möchte ich auf jeden Fall nicht sein«, konterte Michal erneut. »Für seine Größe kann Bartek aber nichts«, schaltete ich mich ein. »Und du, Dicker, könntest uns ruhig ein bisschen dankbar sein, dass wir dich befreit haben.« So stritten wir die ganze Nacht über. Erst als der Morgen schon dämmerte, übermannte uns schließlich die Müdigkeit.

Glücklicherweise befanden sich in den Rucksäcken keinerlei persönliche Sachen. Sonst hätte die Polizei uns sicher festgenagelt. Sie verdächtigte uns nämlich schon eine ganze Weile, hinter den zahlreichen kleineren Einbrüchen der letzten Monate zu stecken, doch bisher hatte sie noch keine Beweise gegen uns in der Hand. Allerdings bekam ich immer wieder Vorladungen nach Hause geschickt. Wahrscheinlich hoffte die Polizei, mich weichklopfen und mir Informationen entlocken zu können oder mich gar dazu zu bringen, meine Kumpel zu verpfeifen. Aber da waren sie bei mir an der falschen Adresse! Nie und nimmer hätte ich meine Bande verraten! Außerdem hatte ich schon längst keine Angst mehr vor den Beamten, wusste ich doch inzwischen, dass sie mir vor meinem 14. Geburtstag nichts anhaben konnten. »Erst ab 14 ist man strafmündig. Vorher können die dir gar nichts!«, hatte Wojtek mir erklärt.

Hin und wieder entschloss ich mich dann doch, einer der Vorladungen zu folgen und im Polizeirevier aufzukreuzen. Eigentlich hätte meine Mutter mich zu diesen Terminen begleiten müssen – was ihr natürlich nicht im Traum einfiel. Selbstverständlich hatte ich nicht vor, den Beamten irgendwelche Hinweise zu geben. Vielmehr fand ich inzwischen Spaß daran, ihnen irgendwelche Lügenmärchen aufzutischen und sie damit auf die Schippe zu nehmen. Anschließend ging ich jedes Mal stolz zu meinen Kumpels und berichtete ihnen brühwarm, wie ich die Polizisten verarscht hatte. Damit erzielte ich eine echte Punktlandung. Mit coolen Sprüchen und frechem Auftreten konnte ich die Jungs beeindrucken und mir bei ihnen einen Stein im Brett verschaffen. Und darauf kam es mir an. »Die Bullen sind so blöd! Die kommen uns niemals auf die Schliche!«, warf ich mich großspurig ins Zeug und genoss ihre anerkennenden Blicke. An die Tatsache, dass die Uhr bereits tickte und mein 14. Geburtstag nur noch wenige Monate entfernt war, verschwendete ich keinen Gedanken. Ich war mir sicher, dass die »Olsenbande« die Polizei auch weiterhin an der Nase herumführen würde. Solange wir vier fest zusammenhielten, waren wir unschlagbar.

Aufgrund unserer zahlreichen Coups verstärkte die Polizei ihre nächtlichen Streifen, sodass es mit der Zeit immer schwieriger für uns wurde, Beute zu machen. Als meine Mutter merkte, dass ihre bequeme Einnahmequelle zu versiegen drohte, machte sie mir unmissverständlich klar, was das für mich bedeutete: »Ich werde der Polizei alles über deine krummen Dinger erzählen! Dann wirst du im Gefängnis verrotten, ohne dass ich dich auch nur ein einziges Mal besuche!« So drohte sie mir wieder und wieder, bis ich schließlich freiwillig die Wohnung verließ und zu meiner Bande zurückkehrte, um sie zu einem neuen Bruch zu bewegen.

Für meine Kumpel sah die Situation jedoch ganz anders aus als für mich. Ihre Eltern waren Alkoholiker und achteten nicht darauf, wenn die Jungs mal eine Woche lang nicht nach Hause kamen. Doch wenn sie Lust hatten, konnten sie jederzeit zu ihren Familien zurückkehren. Ich dagegen brauchte mich ohne fette Beute gar nicht erst zu Hause blicken lassen. Dass meine Mutter mich windelweich prügelte und nachts rausschmiss, wollte ich meinen Freunden aber nicht erzählen. Irgendwie spürte ich, dass sie für solche Probleme noch nicht reif genug waren. Bartek, Michal und Wojtek wollten einfach Spaß haben und mit ihren Gaunereien dem Ernst ihres eigenen Lebens entfliehen. Außerdem schämte ich mich. Ich wollte nicht wieder als »Problemfall« betrachtet werden, sondern genauso wirken wie sie.

Während die drei zu Hause in ihren Betten schliefen, verbrachte ich zahlreiche einsame Nächte auf irgendeinem Dachboden. Sobald ich wieder dieses schreckliche Gefühl von Einsamkeit und Leere in mir aufsteigen spürte, versuchte ich, mich irgendwie abzulenken. Aber manchmal fiel es mir so unglaublich schwer, nicht in Tränen auszubrechen, dass ich mich nur mit Durchhalteparolen über Wasser halten konnte. »Sei stark! Du darfst keine Schwäche zeigen! Du schaffst das!«, befahl ich mir selbst. Hinzu kam, dass ich nicht selten mitten in der Nacht von meinem knurrenden Magen geweckt wurde. Nach ein paar Tagen waren die Vorräte unseres letzten Diebstahls nämlich stets aufgebraucht, und allein traute ich mich nicht, irgendwo einzusteigen. Wie oft malte ich mir aus, wie wunderbar es doch wäre, einfach zu Hause an den Kühlschrank gehen zu können. Doch dieses Schlaraffenland war unerreichbar für mich.

Fast noch schlimmer als der Hunger setzte mir die Tatsache zu, mich nirgendwo waschen oder meine Kleidung wechseln zu können. Wie sehr hatte es mir früher gefallen, in die frischen, zart duftenden Sachen zu schlüpfen, die meine Oma mir jeden Morgen zurechtgelegt hatte. Nun musste ich manchmal mehrere Wochen lang in ein und denselben Klamotten herumlaufen. Manchmal hatte ich allerdings Glück und konnte mich morgens bei den Freundinnen meiner Kumpel frisch machen. Die Mädchen wussten, dass ich zur »Olsenbande« gehörte, und luden mich hin und wieder sogar ein, mit ihnen zu frühstücken. Eine frische Scheibe Brot mit Marmelade und eine Tasse Kaffee und dazu noch eine nette Unterhaltung – einfach himmlisch! So hätte ich gern jeden Tag begonnen. Doch meine Mutter und mein Stiefvater verweigerten mir ja sogar, mit ihnen auch nur an einem Tisch zu sitzen, von einer Unterhaltung ganz zu schweigen. Nur ein bisschen Normalität, gemeinsame Mahlzeiten, kurze Gespräche, ein wenig Geborgenheit – mehr wünschte ich mir ja gar nicht. Doch selbst dieses kleine Glück blieb mir versagt.

Leider verlor ich Bartek – der mit 14 Jahren sogar schon Vater geworden war – Michal und Wojtek immer mehr aus den Augen. Aufgrund der häufigen Polizeistreifen planten wir nur noch selten gemeinsame Raubzüge und sahen uns viel weniger als früher. Außerdem hatten die drei angefangen, Klebstoff zu schnüffeln, und da wollte ich auf keinen Fall mitmachen – auch wenn das in ihren Augen total uncool von mir war. Warum konnte es denn nicht wieder so sein wie früher? Mir fehlten ihre unbekümmerten Späße. Vor allem aber vermisste ich das Gemeinschaftsgefühl unserer Bande. Einer für alle, alle für einen … Gleichzeitig war ich auch irgendwie sauer, weil ich – ohne Beute – nun schon seit zwei Wochen nicht mehr nach Hause konnte. Offenbar hatten sie das Interesse an den Einbrüchen verloren. Vielleicht war ihnen das Ganze auch zu gefährlich geworden. Für sie waren unsere nächtlichen Beutezüge ja ohnehin nur ein Zeitvertreib, ein Nervenkitzel, ein witziges Katz-und-Maus-Spiel mit der Polizei gewesen. Für mich hingegen waren sie die einzige Chance, zumindest für eine Weile die Zuneigung meiner Mutter zu gewinnen. Und zu allem Übel war mir auch noch gesteckt worden, dass ich wieder einmal als vermisst gemeldet war. Ob meine Mutter oder meine Schule die Anzeige aufgegeben hatten, wusste ich nicht. Auf jeden Fall bedeutete das, dass ich – zusätzlich zu den einsamen Dachbodennächten, dem Hunger und der dreckigen Kleidung – nun auch noch tagsüber auf der Hut sein musste, um nicht von der Polizei aufgegriffen zu werden. Der bloße Gedanke daran, was mir drohte, wenn sie mich wieder zu Hause ablieferten, ließ mich erzittern.

Eines Morgens, als ich gerade auf dem Weg zu Isa war, Barteks neuer Flamme, sah ich plötzlich einen Polizeibus mit rasanter Geschwindigkeit genau auf mich zukommen. »Ganz ruhig, Jana!«, sagte ich zu mir selbst. »Bloß keine Aufmerksamkeit erregen! Die haben bestimmt einen Einsatz. Geh einfach ruhig weiter.« Also setzte ich meinen Weg völlig unbeeindruckt fort, als hätte ich die Polizei gar nicht bemerkt. Ein paar Sekunden später kam der Bus mit quietschenden Reifen direkt neben mir zum Stehen. Es war wie im Film: Die Türen öffneten sich und mehrere Polizisten sprangen heraus. Nun gab es keinen Zweifel mehr – die hatten es doch auf mich abgesehen! Blitzschnell drehte ich mich um und raste davon, als wäre der Teufel persönlich hinter mir her. Aber gegen die Männer hatte ich keine Chance. Die Verfolgungsjagd dauerte nicht lange, dann hatten sie mich geschnappt. Sie zerrten mich an meiner Jacke zum Polizeibus, schubsten mich in den hinteren Teil des Wagens und brachten mich zum nächsten Revier. Dort sollte ich natürlich wieder meinen Namen und meine Adresse angeben. Aber diesmal war ich fest entschlossen, eisern zu schweigen, um bloß nicht wieder zu meiner Mutter zurückgebracht zu werden. Falsche Angaben wollte ich allerdings auch nicht machen. Ich konnte mich noch allzu gut daran erinnern, was passiert war, als ich das zum ersten Mal gewagt hatte. Der Beamte, der mich verhörte, kannte mich zwar nicht, doch dann kam plötzlich einer herein, der bereits wusste, wer ich war. »Was ist denn das? Der Name ist doch falsch!«, regte er sich nach einem kurzen Blick auf den Befragungsbogen auf. »Das ist mein Künstlername«, erwiderte ich forsch. Im nächsten Augenblick spürte ich ein heftiges Brennen auf meiner linken Wange. Die Ohrfeige hatte gesessen!

Der Polizist, der mich jetzt in die Mangel nahm, schien anfangs noch geglaubt zu haben, mich weichklopfen zu können. Doch nach einer Weile gab er entnervt auf und brummte: »Ab nach draußen! Warte auf dem Flur!« Wortlos folgte ich seiner Anweisung und setzte mich im Flur auf einen Stuhl. Mein Magen knurrte, und in meinen schmuddeligen Klamotten und mit den fettigen Haaren kam ich mir furchtbar minderwertig vor. »Wenn das so weitergeht, läufst du bald wie ein Penner rum«, dachte ich beschämt und blickte zu Boden. Nach einer gefühlten Ewigkeit, während der das Loch in meinem Magen immer größer wurde, kam ein Polizist aus dem Büro und brüllte mich an: »Los, komm mit! Da, wo's jetzt hingeht, wirst du schon singen!« Ich erschrak. Was hatten die denn mit mir vor?

Ohne mir zu sagen, wo er mich hinbrachte, verfrachtete mich der Polizist wieder in den Polizeibus und fuhr los. Nach einer Weile stoppte der Wagen, die Tür wurde geöffnet und ich blickte auf ein umzäuntes Gebäude. »Ab in den Jugendarrest!«, schnauzte der Polizist mich an und zerrte mich in Richtung Eingang. Nachdem wir das Gebäude betreten hatten, kam ich in eine Art Empfangsraum, ein kleines, grau gestrichenes Zimmer. Unsicher blickte ich mich um. Wie lange würde ich wohl hierbleiben müssen? Ein Mann mittleren Alters mit strengen Gesichtszügen trat ein und stellte sich als Leiter der Einrichtung vor. »Name? Alter? Adresse?«, löcherte er mich unverzüglich. Jetzt, da ich hier gelandet war, erschien es mir sinnlos, noch länger zu schweigen, also sagte ich ihm, was er hören wollte. »Taschen leeren!«, forderte mich der Anstaltsleiter daraufhin auf. Um zu beweisen, dass ich nichts bei mir hatte, krempelte ich meine Hosentaschen um. »Komm mit, jetzt kriegst du noch Kleidung von uns«, fuhr er fort. »Was?«, fragte ich ungläubig. »Ich will keine anderen Sachen! Ich will meine behalten!« »Hier tragen alle das Gleiche! Ausnahmen gibt es nicht! Wenn du keinen Ärger bekommen willst, dann tu lieber das, was man dir sagt«, entgegnete der Mann barsch. Ohne ein weiteres Wort folgte ich ihm in einen anderen Raum. Dort legte ich meine Sachen ab und schlüpfte in die abgetragene, gestreifte Gefängniskluft, die aussah wie ein scheußlicher Frotteepyjama. Was für ein demütigender Moment, als ich an mir herunterblickte und feststellte, dass ich genauso wie die Knackis im Fernsehen aussah! Doch ich war leider nicht im falschen Film gelandet. Das hier war meine Realität, in der man mir schließlich noch die Schnürsenkel abnahm, damit ich mir nichts antun konnte.

Mit offenen Schuhen schlappte ich hinter dem Mann her zum Aufenthaltsraum, einem kleinen Saal, in dem ein paar Tische und Stühle aus Holz standen. Außerdem gab es einen Fernseher. Als wir eintraten, glotzten mich die Jungen darin neugierig an. Mädchen sah ich keine. Offenbar war ich das einzige Mädchen hier.

Am Abend brachte uns ein Aufseher in den Speisesaal. Die Mahlzeit – zwei Scheiben Brot und ein wenig Käse – war ebenso kärglich wie die Einrichtung. Doch obwohl ich den ganzen Tag lang nichts gegessen hatte, brachte ich vor Traurigkeit kaum einen Bissen hinunter. Nach dem Abendessen wurden wir in unsere Zellen gebracht. Als ich den winzigen vergitterten Raum betrat, wäre ich vor Entsetzen am liebsten sofort wieder hinausgestürmt. Die Wände waren in einem fahlen Grauton gestrichen und in der Ecke stand ein schäbig aussehendes Metallbett, auf dem eine ebenfalls graue Decke lag. Bei dem Geräusch der sich schließenden Gittertür zuckte ich erschrocken zusammen. »Jetzt haben sie mich tatsächlich eingesperrt«, dachte ich, während mir die Tränen über die Wangen kullerten. »Jetzt kann mir niemand mehr helfen. Ich weiß ja nicht einmal, wo ich bin.« Während ich mir mit dem Handrücken die Tränen wegwischte, machte ich einen Schritt nach vorn ans Fenster. Dort erwartete mich die nächste böse Überraschung, denn auch das Fenster war vergittert. Zutiefst niedergeschlagen legte ich mich auf das quietschende Metallbett, zog mir die muffig riechende dünne Decke über die Schultern und ließ meinen Tränen freien Lauf.

Nach ein paar Tagen kam meine Mutter, um mich abzuholen. Obwohl ihr Gesichtsausdruck nichts Gutes verhieß, war ich überglücklich über meine wiedergewonnene Freiheit. In Windeseile zog ich meine dreckigen Klamotten an und lief mit Riesenschritten auf den Ausgang zu. »Bloß raus hier!« war alles, was ich denken konnte. Draußen erwartete mich ein kalter, regnerischer Tag. Doch das war mir egal. Ich atmete tief ein und strahlte übers ganze Gesicht.

Kurze Zeit später flatterte uns eine Vorladung ins Haus. Meine Mutter wurde aufgefordert, mit mir beim Familiengericht zu erscheinen, um die Ursache für mein auffälliges Verhalten zu klären. Die Familienrichterin war in ihre Richterrobe gekleidet, mittleren Alters, hatte kurze schwarze Haare und eine eisige Miene, die mir unmittelbar Angst einflößte. Während der gesamten Befragung entkam ihr nicht einmal der Anflug eines Lächelns. Nachdem sie mit strenger Stimme die Angaben aus meiner Akte vorgetragen hatte, erteilte sie meiner Mutter und mir das Wort. Eingeschüchtert überließ ich meiner Mutter das Reden, die natürlich wieder einmal haarsträubende Lügengeschichten über mich erzählte. Mit Leidensmiene berichtete sie der Familienrichterin, dass ich widerspenstig und unbeherrscht sei, ständig von zu Hause abhauen würde, um mit meiner Bande irgendwo faul herumzulungern, nicht zum Schulbesuch zu bewegen sei und vor allem keinerlei Interesse am Familienleben habe. »Ich weiß mir wirklich keinen Rat mehr. Ich komme mit ihrer Erziehung einfach nicht zurecht«, schloss sie und seufzte in ihrer Rolle als leidgeprüfte Mutter. Nach dieser überzeugenden Vorstellung hatte die Familienrichterin keinerlei Zweifel mehr daran, dass ich ein Problemkind war, und ordnete eine Veränderung der Umgebung an. Das bedeutete, dass ich in einem Wohnheim untergebracht wurde, in dem ich auch zur Schule gehen musste. Bei guter Führung durfte ich an den Wochenenden nach Hause. Wenn sich mein Verhalten und meine schulischen Leistungen deutlich besserten, würde über eine Rückkehr in die Familie entschieden werden. Das Urteil der Richterin traf mich wie ein Schlag ins Gesicht. Ich hatte das Gefühl, wieder eingesperrt zu werden, und wollte auf keinen Fall in dieses Heim. Doch was sollte ich tun? Von meiner Mutter konnte ich keinerlei Unterstützung erwarten. Ihr »verdankte« ich dieses Urteil schließlich. Auch mein Stiefvater würde sicherlich hocherfreut darüber sein, mich in Zukunft allenfalls an den Wochenenden zu Gesicht zu bekommen. Wieder einmal fühlte ich mich mutterseelenallein, hilflos und im Stich gelassen.

In dem Heim wohnten etwa 40 Kinder, darunter auch Waisen. Die Atmosphäre dort erinnerte mich stark an meinen Aufenthalt im Jugendarrest. Die Betreuer waren ebenso kalt und unfreundlich und zeigten keinerlei menschliche Wärme. Sie herrschten uns ausschließlich im Befehlston an. Schon nach ein paar Tagen war mir so elend zumute, dass ich ständig weinte, im Unterricht völlig teilnahmslos dasaß und kaum einen Bissen herunterbekam. Als die Heimleitung bemerkte, dass ich immer apathischer wurde, entschied man, mich wieder nach Hause zu schicken.

Zu Hause war natürlich recht schnell wieder alles beim Alten. Ich musste mich um meine kleine Schwester und den Haushalt kümmern und die Tabletten für meine Mutter auftreiben. Doch ich war fest entschlossen, meine Freiheit nie mehr aufs Spiel zu setzen und regelmäßig zur Schule zu gehen. Allerdings machte mir meine Mutter einen Strich durch die Rechnung. Wenn die Schulleitung wieder einmal bei ihr anrief, um sich nach dem Grund meines Fehlens zu erkundigen, besorgte sie sofort ein ärztliches Attest für mich. So ging es ein ums andere Mal, bis die Anrufe immer seltener wurden. Schließlich hatte meine Mutter ihr Ziel erreicht: Sie hatte mich vollkommen unter Kontrolle und ließ mich von morgens bis abends für sich schuften.

Als wäre ihre Tablettenabhängigkeit nicht schon schlimm genug gewesen, verfiel meine Mutter auch noch der Videosucht. Videofilme waren nach dem Fall des Eisernen Vorhangs eine äußerst begehrte neue Ware in Polen. Zwar waren die Ausleihgebühren der Videotheken zu Anfang noch sehr hoch, doch meine Mutter störte das nicht im Geringsten. Sie gab das Geld mit vollen Händen aus. Oft kam sie mit zwei Plastiktüten voller Videokassetten nach Hause, setzte sich vor den Fernseher und verbrachte dort die gesamte Nacht bis zum frühen Morgen. Anschließend legte sie sich wie üblich bis mittags ins Bett.

Bald schon hatte sie so viel Geld verprasst, dass wir die fälligen Rechnungen für Strom und Heizung nicht mehr zahlen konnten. Immer öfter saßen wir abends im Dunkeln in der Wohnung. Mein Stiefvater redete auf sie ein, doch es war wie immer – er konnte sich ihr gegenüber nicht durchsetzen. Sie schaltete auf stur und machte einfach weiter wie bisher. Nach einer Weile hatte sie es so weit getrieben, dass wir zum Sozialfall wurden und von der Stadt Lebensmittelgutscheine zugeteilt bekamen. »Wenn Oma das wüsste!«, dachte ich betrübt. Ich wollte kein Sozialfall sein, während meine Mutter damit kein Problem hatte. Im Gegenteil: Wenn es etwas umsonst gab, war sie ganz vorn dabei! Das Einlösen der Lebensmittelgutscheine wälzte sie aber natürlich auf mich ab. Leider lag der nächste Markt, in dem das möglich war, sieben Kilometer entfernt. Woche für Woche hatte ich diese Strecke nun zu Fuß zurückzulegen. Da meine Mutter darauf bestand, dass ich sämtliche Gutscheine auf einmal einlöste, war ich auf dem Heimweg meist bepackt wie ein Esel. Schon nach dem ersten Kilometer schnitten mir die schweren Plastiktüten so sehr in die Hände, dass ich immer wieder Pausen einlegen musste. Aber meine Mutter zeigte keinerlei Mitleid. Wichtig war nur der randvoll gefüllte Kühlschrank – erst recht, wenn die Lebensmittel darin kostenlos waren.

Nachdem ich sämtliche Arbeiten des Tages erledigt hatte, fiel ich jeden Abend völlig erschöpft ins Bett. Was für ein Leben! Und niemand hatte auch nur die geringste Ahnung davon, was ich durchmachen musste. Die Schule hatte ich inzwischen endgültig abgeschrieben. Was einmal aus mir werden sollte – nun, diesen Gedanken verdrängte ich lieber. Was mich noch viel trauriger machte, war die Tatsache, Bartek, Michal und Wojtek aus den Augen verloren zu haben. Jetzt gab es wirklich überhaupt niemanden mehr, der mich wenigstens etwas hätte aufheitern können. Erneut begann die Einsamkeit an meiner Seele zu nagen. Erneut fühlte ich, wie ich immer tiefer in diesen schrecklichen schwarzen Tunnel hineingezogen wurde. »Halt durch, Jana! Du wirst bestimmt jemand anderen finden, der dich mag, mit dem du lachen und reden kannst«, sprach ich mir selbst Mut zu. Ich hoffte inständig, dass das bald der Fall sein würde.

5. KAPITEL

Abgeschrieben – Der Weg in die Kriminalität

Die einzige Abwechslung in meinem trostlosen Dasein waren die Treffen mit anderen Jugendlichen meines Viertels. Wann immer ich der Kontrolle meiner Mutter entfliehen konnte, suchte ich einen ihrer Treffpunkte auf, um wenigstens für kurze Zeit mein Elend zu vergessen. Mit meiner offenen, schlagfertigen Art kam ich bei den anderen gut an und fand ohne Probleme Anschluss. Dass es sich dabei nur um eine Maske handelte, hinter der ich meine tiefe Traurigkeit verbarg, bemerkte niemand.

Es war im Sommer 1992, als ich bei einem dieser Treffen Ewa kennenlernte, ein fröhliches, unternehmungslustiges Mädchen, das ebenso alt war wie ich. Obwohl ihre Familienverhältnisse doch ziemlich ungewöhnlich waren – ihre Mutter lebte mit ihrem Vater und ihrem Geliebten in einer Wohnung –, schien es bei ihr zu Hause harmonisch zuzugehen. »Die drei lieben mich, es könnte mir gar nicht besser gehen«, erklärte mir Ewa mit einem zufriedenen Lächeln. Ewa genoss viele Freiheiten, durfte zu Hause Partys feiern oder in die Disco gehen, was sie auch ausgiebig tat. Trotzdem lebte sie keineswegs planlos in den Tag hinein, sondern besuchte – im Gegensatz zu mir – die Schule und wollte auf jeden Fall einen Abschluss machen. Wir mochten uns auf Anhieb und waren schon bald enge Freundinnen. Jede freie Minute verbrachte ich mit ihr. Mit Ewa konnte ich über Gott und die Welt reden, denn ebenso wie meine Oma hörte sie mir immer aufmerksam und interessiert zu. Ich war unendlich froh, wieder einen Menschen gefunden zu haben, dem ich vertrauen konnte und der gern mit mir zusammen war. Ewas Lachen und ihre Zuversicht waren Balsam für meine verwundete Seele. Dennoch verschwieg ich auch ihr meine familiäre Situation. Ich schämte mich einfach zu sehr. Außerdem hätte ich Ewa ohnehin nicht zu mir nach Hause eingeladen. Meine Mutter wollte verhindern, dass ich Freunde fand, das war mir inzwischen klar geworden. Wahrscheinlich befürchtete sie, ansonsten die absolute Kontrolle über mich zu verlieren. Wenn ich sie nach Erledigung meiner Aufgaben ab und zu gefragt hatte, ob ich noch ein wenig hinausgehen dürfte, hatte sie mir stets ein barsches »Nein! Kommt nicht infrage!« entgegengeschleudert. Also griff ich eines Tages zu einer Notlüge, um der Einsamkeit meines Zimmers zu entrinnen. »Bartek, Michal, Wojtek und ich haben wieder ein Ding geplant«, schwindelte ich ihr vor. Wie auf Knopfdruck umspielte plötzlich der Anflug eines Lächelns ihren gerade noch grimmigen Mund. »Jetzt wittert sie bestimmt wieder fette Beute«, schoss es mir durch den Kopf. Und tatsächlich ließ sie mich wie erhofft gehen.

Damit war die erste Hürde genommen. Allerdings musste ich mir jetzt etwas einfallen lassen, um irgendwie an »Beute« zu kommen. Da ich außer Ewa niemanden hatte, fragte ich meine Freundin, ob sie mir etwas Essbares besorgen könnte. »Klar«, sagte sie einfach, ohne zu zögern oder mir irgendwelche Fragen zu stellen. Fortan stibitzte Ewa hin und wieder Lebensmittel aus der Vorratskammer ihrer Mutter. Einmal fragte sie sogar ihren Onkel, einen Bäcker, und brachte mir auf einen Schlag zehn Brote mit. Ich war ihr unendlich dankbar, wusste ich doch, dass für meine Mutter vor allem die Menge zählte, auch wenn einige der Laibe letztlich im Müll landen würden. Aber da ich meine Freundin auf keinen Fall ausnutzen wollte, wagte ich mich manchmal auch ohne Beute nach Hause. Für mein »Versagen« musste ich natürlich wie üblich wüste Beschimpfungen und Prügel einstecken. »Du nutzloses Stück Dreck kommst mit leeren Händen? Hast wohl wieder Mist gebaut? Du bist zu nichts zu gebrauchen!«, brüllte meine Mutter ein ums andere Mal und attackierte mich mit ihren Fäusten. Doch so sehr ich auch unter den Prügeln litt – in der Gewissheit, eine echte Freundin gefunden zu haben, fiel es mir leichter, sie zu ertragen. »Solange ich Ewa habe, halte ich es zu Hause noch eine Weile aus«, sagte ich mir, um die schmerzenden Stellen an meinem Körper zu vergessen.

An ihrem Geburtstag veranstaltete Ewa eine riesige Party, auf der ich Maciek kennenlernte. Er starrte unentwegt zu mir herüber, bis er schließlich auf mich zukam und sich mir vorstellte, und von da an unterhielten wir uns den ganzen Abend lang. Dabei fiel mir auf, dass er weder Alkohol trank noch rauchte, was mir – aufgrund der schlimmen Erinnerungen an meinen Vater – natürlich ausgesprochen gut gefiel. Ich erfuhr, dass er 18 Jahre alt war und in der Firma seines Vaters arbeitete, eines Autohändlers. Vom ersten Moment an fühlte ich mich in seiner Gegenwart wohl. Er sah gut aus, war groß und dunkelhaarig, doch vor allem zog mich seine aufmerksame, freundliche Art an. Wir verliebten uns ineinander, und so wurde Maciek mein erster Freund. Ewa freute sich von Herzen mit mir, dass ich einen so netten und anständigen Kerl gefunden hatte.

Schmetterlinge im Bauch waren ein ganz neues Gefühl für mich. Sobald ich an Maciek dachte, waren alle trüben Gedanken wie weggeblasen und ich fühlte mich so leicht und beschwingt, als würde ich an einem sonnigen Sommertag über eine bunte Blumenwiese laufen. Wann immer ich meiner Mutter unter dem Vorwand eines neuen Coups entfliehen konnte, traf ich mich mit ihm. Arm in Arm schlenderten wir durch die Straßen oder besuchten zusammen mit Ewa und anderen Jugendlichen eine Disco. Ich genoss Macieks sanfte Art, seine Küsse und Umarmungen. Endlich hatte ich das Gefühl, attraktiv und liebenswert zu sein. Plötzlich waren die quälenden Selbstzweifel vergessen, die aufgrund der Beleidigungen meiner Mutter immer wieder an mir genagt hatten. Zusammen mit Maciek fühlte ich mich so selbstbewusst und stark, wie ich es mir immer gewünscht hatte. Vor meiner Mutter hielt ich unsere Beziehung natürlich geheim. Wenn sie schon verhindern wollte, dass ich überhaupt Freundschaften schloss, was hätte sie dann wohl erst zu einem festen Freund gesagt? Nein! Ich würde Maciek ihr gegenüber mit keinem Wort erwähnen. Dieses Mal sollte sie mir nicht wieder alles kaputt machen.

Da ich von den heimlichen Treffen mit Maciek ohne Beute nach Hause zurückkehrte, argwöhnte meine Mutter jedoch schon bald, dass ich sie anlog. Wie ein Luchs legte sie sich auf die Lauer und erkundigte sich mit gespielter Sorge auch bei unseren Nachbarn und Bekannten nach mir, um hinter mein Geheimnis zu kommen. In meiner Verliebtheit hatte ich gar nicht bedacht, dass Maciek und ich vielleicht von Leuten aus unserem Viertel auf der Straße gesehen werden könnten. Doch genau das war geschehen, und so erfuhr meine Mutter von uns.

Als ich eines Abends gut gelaunt die Wohnungstür aufschloss, erwartete sie mich bereits mit zorniger Miene. »Du Schlampe, hast du wirklich gedacht, dass du deinen Lover vor mir geheim halten kannst?«, polterte sie auch schon los und stemmte drohend die Hände in die Hüften. Ich erstarrte vor Schreck und mein Herz setzte einen Schlag lang aus. Während ich fieberhaft nach einer Ausrede suchte, ergoss sich ein Schwall der übelsten Beschimpfungen über mich. Ich versuchte, diese zutiefst demütigenden Beleidigungen zu überhören und meine Mutter zu beschwichtigen. »Mutter, bitte beruhige dich doch!«, wiederholte ich immer und immer wieder. Doch wie üblich prallten meine Worte von ihr ab. Stattdessen peitschte mir ihr Gebrüll wie ein Hurrikan entgegen. Sie schien einen unerschöpflichen Vorrat an Gemeinheiten in sich zu tragen, die sie mir ununterbrochen eine nach der anderen ins Gesicht klatschte. »Hast du dich etwa von dem Kerl flachlegen lassen, du Hure? Los, raus mit der Sprache!« Auch das noch! Musste sie mir ausgerechnet diese Frage stellen? Vor lauter Angst wagte ich nicht, den Mund aufzumachen, sondern starrte stumm zu Boden. Wenn ich ihr sagte, dass ich mit Maciek geschlafen hatte, würde sie bestimmt wieder wie eine Furie auf mich einprügeln. Wenn ich jedoch weiterhin schwieg, würde sie womöglich genauso ausrasten. Aber in diesem Moment war ich so überrumpelt, dass mir einfach keine Lüge über die Lippen kam. Hilflos hob ich die Arme vor mein Gesicht. Da machte meine Mutter auf einmal einen Schritt zurück und sagte unerwartet ruhig: »Gut! Dann rufe ich eben die Polizei. Die werden schon herauskriegen, ob du eine Hure bist oder nicht!« Entsetzt starrte ich in ihre feindseligen Augen. Während mir die Tränen kamen, sank ich völlig verängstigt vor ihr auf die Knie. »Bitte nicht, Mama! Bitte, bitte keine Polizei!«, flehte ich sie an. Doch sie drehte sich einfach um und marschierte entschlossen zum Telefon. Kurze Zeit später standen zwei Polizisten vor unserer Tür.

Meine Mutter warf mir noch einen vernichtenden Seitenblick zu, dann baute sie sich triumphierend vor den beiden Polizisten auf. »Ich möchte Anzeige erstatten wegen Vergewaltigung meiner Tochter.« *Was?* Ich traute meinen Ohren kaum! »Ich bin doch nicht vergewaltigt worden!«, stieß ich verzweifelt hervor. »Mutter, bitte hör auf!« »Schnauze! Jetzt rede ich!«, schnitt sie mir barsch das Wort ab, dann wandte sie sich wieder an die Polizisten. »Sie haben gehört, was los ist. Also, tun Sie Ihre Pflicht!« Daraufhin drehte sich einer der beiden zu mir um und forderte mich zum Mitkommen auf. »Wir bringen dich zum Frauenarzt«, sagte er. Als ich keinerlei Anstalten machte, mich von meinen Knien zu erheben, sondern einfach nur vor mich hin schluchzte, packte er mich plötzlich grob am Arm und riss mich hoch.

In Tränen aufgelöst stieg ich zusammen mit meiner Mutter in den Polizeiwagen. »Das darf doch alles nicht wahr sein«, dachte ich verzweifelt. »Lieber Gott, bitte lass das alles nur ein böser Traum sein! Was machen die denn jetzt mit mir?« Da ich noch nie bei einem Gynäkologen gewesen war, hatte ich keine Ahnung, was mich erwartete. Am liebsten wäre ich weggelaufen, direkt zu Maciek, um mich in seine Arme zu schmiegen und mich wieder so wunderbar geborgen zu fühlen. Doch ich hatte gar keine Chance zu fliehen. Als wir die Praxis erreicht hatten, nahmen mich die beiden Polizisten wie eine Gefangene in die Mitte, während meine Mutter uns folgte. Nach einer kurzen Wartezeit rief mich die Ärztin ins Untersuchungszimmer. Ohne ein Wort der Begrüßung musterte sie mich streng, dann befahl sie mir mit kalter Stimme: »Mach dich untenherum frei und setz dich auf den Stuhl!« Ich war viel zu verängstigt, um sie um eine Erklärung zu bitten, und folgte vor Aufregung zitternd ihrer Anweisung. Nachdem ich Schuhe, Hose und Slip widerwillig ausgezogen hatte, setzte ich mich vorsichtig auf den Untersuchungsstuhl. Halb entblößt und mit den leicht gespreizten Beinen fühlte ich mich ihr vollkommen ausgeliefert. Noch ein strenger Blick, dann begann sie, meinen Unterleib zu untersuchen.

Mit einem Mal war mir, als wäre jegliches Gefühl aus meinem Körper gewichen. Als hätte mein Geist sich aus meinem Körper verflüchtigt, um diese erniedrigende Prozedur nicht spüren zu müssen. Ich fühlte überhaupt nichts mehr. Alles war wie betäubt. Irgendwie war ich anwesend und abwesend zugleich, atmete und kam mir dennoch wie tot vor, wäre am liebsten geflohen und war doch wie gelähmt. Gefangen in einem schrecklichen Albtraum.

Als die Ärztin endlich fertig war, richtete sie sich auf und sah mich schweigend an. In diesem Moment war mir klar, dass sie mein Geheimnis gelüftet hatte. Ihr Blick war so kalt und abschätzig, dass ich mich elend, ja geradezu schmutzig fühlte. Dabei hatte ich doch gar nichts Schlimmes getan! Maciek und ich, wir liebten uns doch! Aber das schien hier niemanden zu interessieren. Was bezweckte meine Mutter nur damit? Warum tat sie mir das an? Vor lauter Verzweiflung brach ich erneut in Tränen aus.

Nachdem meine Mutter ihren Beweis bekommen hatte, zeigte sie Maciek tatsächlich wegen Vergewaltigung an. In einem letzten verzweifelten Versuch erklärte ich den Polizisten, dass das nicht stimmte, dass ich aus freien Stücken mit meinem Freund geschlafen hätte. Das Ganze war mir zwar furchtbar peinlich, aber ich konnte unmöglich zulassen, dass Maciek ins Gefängnis kam! »Bitte glauben Sie mir doch! Wir wollten es beide. Mein Freund hat nichts Unrechtes getan!«, beteuerte ich immer wieder mit hochrotem Gesicht. Meine Mutter hatte dafür nur ein breites Grinsen übrig. Ihr schien mein Leid auch noch Vergnügen zu bereiten! Sichtlich genervt von meinen Beteuerungen sagte einer der Polizisten schließlich: »Mit 14 Jahren wird jede sexuelle Handlung als Missbrauch angezeigt. Vor dem Gesetz ist es egal, ob du das freiwillig gemacht hast oder nicht. Deine Mutter hat ganz richtig gehandelt. Verstanden?« Damit war die Sache für ihn erledigt.

Dank meiner Mutter verbreitete sich die Nachricht von meiner Vergewaltigung wie ein Lauffeuer in unserem Viertel. Immer wieder erzählte sie sämtlichen Nachbarn von dem »schrecklichen Vorfall« und wurde nicht müde zu betonen, wie tief sie dieses Unglück getroffen habe. Sie genoss es sichtlich, im Mittelpunkt der Aufmerksamkeit zu stehen. Ich dagegen hätte mich am liebsten in meinem Zimmer verkrochen und wäre nie wieder vor die Tür gegangen. Doch meine Mutter gönnte mir keine Auszeit. Während meine Gedanken voller Sorge um Maciek kreisten, war ich auch weiterhin jeden Tag für sie auf den Beinen.

»Los, zieh dich an! Wir treffen uns mit den Eltern deines Lovers«, eröffnete mir meine Mutter einen Tag vor dem anberaumten Gerichtstermin. Ich schaute sie überrascht an, traute mich aber nicht, nach dem Grund dieses Treffens zu fragen. »Vielleicht lässt sich doch noch alles im Guten regeln«, dachte ich und verspürte zum ersten Mal seit Wochen wieder einen kleinen Funken Hoffnung.

Macieks Eltern begrüßten uns sehr freundlich und führten uns sogleich ins Wohnzimmer, wo ein prächtig gedeckter Tisch auf uns wartete. Offensichtlich gaben sie sich alle Mühe, uns einen schönen Abend zu bereiten. Wir nahmen Platz und Macieks Mutter trug das Essen auf, das einfach köstlich duftete. So etwas Gutes hatte ich schon lange nicht mehr bekommen. Dennoch verspürte ich keinerlei Appetit, denn dafür schämte ich mich viel zu sehr. »Was müssen diese Leute bloß von mir denken?«, ging es mir immer wieder durch den Kopf. Maciek schien sich ebenso unwohl zu fühlen wie ich. Er sah schrecklich blass aus und stocherte die ganze Zeit lustlos in seinem Teller herum. Meine Mutter dagegen war bester Laune. Sie aß mit großem Appetit und genoss es sichtlich, sich wie eine Königin bedienen zu lassen. Dabei plauderte sie so ungezwungen mit Macieks Eltern, als seien sie seit vielen Jahren miteinander befreundet.

Nach dem Essen forderten die Erwachsenen Maciek und mich auf, ins Nebenzimmer zu gehen. »Wir wollen uns unterhalten«, hieß es ohne weitere Erklärung. Also standen Maciek und ich auf und verließen den Raum, wobei wir jeglichen Blickkontakt vermieden. Im Nebenzimmer setzten wir uns auf eine Couch, Maciek schaltete den Fernseher ein und wir starrten beide stumm auf den Bildschirm. Die Atmosphäre war einfach grauenvoll. Am liebsten hätte ich ihm gesagt, wie furchtbar leid mir alles tat, doch vor lauter Scham brachte ich kein Wort über die Lippen. Obwohl wir dicht nebeneinander saßen, kam es mir so vor, als befände sich eine unsichtbare, unüberwindliche Mauer zwischen uns. Mein Herz tat mir weh, wenn ich daran dachte, wie zärtlich wir noch vor Kurzem miteinander gewesen waren. Und nun saßen wir da wie zwei Fremde. »Hoffentlich sprechen unsere Eltern sich aus, damit alles wieder gut wird«, dachte ich ängstlich und hoffnungsvoll zugleich.

Die Zeit verstrich quälend langsam. Ich hatte das Gefühl, dass wir stundenlang schweigend dagesessen hatten, als meine Mutter endlich den Kopf zur Tür hereinstreckte und zufrieden lächelte. »Komm! Wir gehen.« Am liebsten hätte ich sie auf der Stelle gefragt, ob sie sich mit Macieks Eltern ausgesprochen hatte, doch das traute ich mich nicht. Wir zogen unsere Mäntel an, und Macieks Eltern verabschiedeten uns ebenso freundlich, wie sie uns empfangen hatten. Irgendwie kamen sie mir etwas erleichtert vor. »Vielleicht habe ich ja dieses eine Mal wenigstens Glück«, dachte ich, während ich neben meiner Mutter die Straße entlangging. Kaum hatten wir uns ein wenig von Macieks Haus entfernt, zwinkerte sie mir überraschend zu und sagte: »Alles hat seinen Preis! Man muss nur richtig verhandeln!« Ich blickte sie verständnislos an. Was meinte sie damit? Was hatte sie mit Macieks Eltern verhandelt? Das klang nicht gut. Eine böse Vorahnung beschlich mich und in diesem Moment wusste ich, dass ich wieder kein Glück haben würde. Was sich nur einen Augenblick später bestätigte. »Ich bin mit Macieks Eltern ins Geschäft gekommen. Sie zahlen mir eine gewisse Summe. Und dafür wirst du deine Aussage vor Gericht zurückziehen«, erklärte sie selbstzufrieden. Ich schnappte nach Luft und blieb abrupt stehen. Ich war wie vor den Kopf geschlagen. Ich konnte einfach nicht glauben, was ich gerade gehört hatte. *Ins Geschäft gekommen?* Meine Mutter ließ sich dafür bezahlen, dass ich eine Lüge zurücknahm, die sie in die Welt gesetzt hatte? Sie hatte unsere Liebe aus purer Geldgier zerstört? Nein! Das konnte einfach nicht wahr sein! Das konnte eine Mutter ihrem Kind doch nicht antun! Selbst meine Mutter nicht! Ich öffnete den Mund, doch ich war viel zu entsetzt, um auch nur einen Ton herauszubringen. Entgeistert starrte ich sie an. Das ließ meine Mutter natürlich völlig kalt. Offensichtlich hatte sie schon alles bis ins kleinste Detail geplant. »In der Verhandlung wirst du sagen, dass du Maciek nur ein paar Mal gesehen hast, gern mit ihm gehen wolltest, er dir aber einen Korb gegeben hat«, wies sie mich herrisch an. »Weil du dich an ihm rächen wolltest, hast du der Polizei dann seinen Namen genannt. Außerdem wirst du behaupten, dass du den Namen des Typen, der dich tatsächlich entjungfert hat, nicht kennst. Kapiert? Versau es bloß nicht!«

In jener Nacht machte ich kein Auge zu. Aufgewühlt wälzte ich mich in meinem Bett hin und her und starrte stundenlang an die Decke. Wie konnte meine Mutter sich nur so etwas Schreckliches ausdenken? Auch wenn ich ihre Schwächen und Fehler inzwischen nur allzu gut kannte, hätte ich ihr eine derartige Gemeinheit, eine so abgrundtiefe Bosheit einfach nicht zugetraut. Was ich durchmachen musste, war ihr völlig egal. Auch die Angst, die Maciek und seine Eltern angesichts einer drohenden Gefängnisstrafe ausgestanden haben mussten, interessierte sie nicht. Für sie zählte einzig und allein der Profit. Sie hatte uns bei ihrem Intrigenspiel wie Schachfiguren hin- und hergeschoben. Bei dem Gedanken an Maciek krampfte sich mein Herz zusammen. Was würde er jetzt wohl von mir denken? Bestimmt ging er davon aus, dass ich mit meiner Mutter unter einer Decke steckte. Sie hatte es tatsächlich geschafft, mir selbst dieses kleine Glück zu zerstören. Solange sie mein Leben kontrollierte, würde es für mich keine Freundschaften, keine Nähe, keine Geborgenheit geben. Sie würde immer Mittel und Wege finden, mir alles kaputt zu machen. Da war ich mir nach dieser furchtbaren Erfahrung sicher. Mein Leben würde auch in Zukunft nur aus Beschimpfungen, Prügeln und Einsamkeit bestehen. Was hätte ich dafür gegeben, nur eine Woche lang in einer normalen, liebevollen Familie leben zu dürfen! Ich hegte nichts als Groll, ja sogar Abscheu und Verachtung für sie, wenn ich daran dachte, was sie mir im Laufe der Jahre angetan hatte. Gleichzeitig musste ich mir eingestehen, dass diese negativen Gefühle nicht stark genug waren, um das emotionale Band zwischen uns gänzlich zu zerschneiden. Irgendwo in einem versteckten Winkel meines Herzens fühlte ich mich meiner Mutter immer noch verbunden. Einfach abzuhauen, sie nie wiederzusehen und für immer aus meinem Leben zu streichen – das konnte ich mir auch mit 14 Jahren noch nicht vorstellen.

Am nächsten Morgen schärfte meine Mutter mir nochmals ein, was ich vor Gericht sagen sollte. Nach der schlaflosen Nacht hatte ich, verstört und verängstigt wie ich war, erst recht keine Kraft mehr, mich ihr zu widersetzen. Wozu auch? Maciek hatte ich ohnehin schon verloren. Und auf weitere blaue Flecken konnte ich gut verzichten. »Wenn vor Gericht alles nach Plan läuft, lässt sie dich vielleicht wenigstens wieder eine Zeit lang in Ruhe«, dachte ich resigniert.

Die Verhandlung wurde von derselben Familienrichterin geführt, die auch meine Unterbringung im Wohnheim angeordnet hatte. Kalt, streng, unnahbar – sie hatte sich kein bisschen verändert. Nach meiner Aussage zeigte sie sich zwar empört: »Wie kann man einen jungen Mann mutwillig in eine solche Lage bringen?« Doch das war auch schon alles. Keine weiteren Fragen. Sie glaubte tatsächlich erneut das Lügenmärchen, das meine Mutter ihr auftischte. Schließlich passte es ja auch hervorragend zu dem negativen Bild, das sie sich beim letzten Mal – ebenfalls dank meiner Mutter – von mir gemacht hatte. Ich konnte mir vorstellen, was in ihr vorging: Diese Jana ist ein echter Problemfall. Widersetzt sich ihren Eltern, schwänzt die Schule, treibt sich nächtelang draußen herum. So einer ist es auch zuzutrauen, dass sie aus Rache böse Gerüchte in die Welt setzt … »Wenn du nur wüsstest!«, dachte ich niedergeschlagen. Am liebsten hätte ich es laut herausgeschrien, wer in unserer Familie die Meisterlügnerin war. Doch die Wahrheit hätte die Richterin mir sowieso nicht abgenommen. Wahrscheinlich hätte ich das Ganze auch für eine faustdicke Lüge gehalten, wenn ich es nicht selbst erlebt hätte. Also schwieg ich und wartete mit gesenktem Kopf auf das Ende der Verhandlung.

Der perfide Plan meiner Mutter ging auf. Die Richterin sprach Maciek frei. Wieder einmal hatte sie auf meine Kosten ihr Ziel erreicht. Wieder einmal hatte sie mich wie eine Ware benutzt, um Geld zu machen. »Was ihr wohl noch alles einfallen wird?«, schoss es mir durch den Kopf. Sofort schob ich den Gedanken beiseite. »Besser nicht darüber nachdenken! Jetzt hat sie ja erst mal wieder Geld, das sie verprassen kann.«

Obwohl ich ebenso wie Maciek ein Opfer im Intrigenspiel meiner Mutter war, wagte ich es nicht mehr, Kontakt mit ihm aufzunehmen. Auch Ewa, die ja mit Maciek befreundet war, konnte ich nicht mehr unter die Augen treten. Dafür schämte ich mich viel zu sehr. Schweren Herzens beschloss ich, einen großen Bogen um die Treffpunkte zu machen, an denen er, Ewa und die anderen Jugendlichen aus der Clique zusammenkamen. Die Geldgier meiner Mutter hatte mich sowohl meine erste Liebe als auch meine beste Freundin gekostet. Da war er wieder, der lange schwarze Tunnel, in dem ich mich von Tag zu Tag mehr zu verlieren drohte.

Nicht nur meine Seele schrie verzweifelt nach Hilfe, auch mein Körper sandte nach dieser brutalen psychischen Belastung Alarmsignale aus. Immer öfter bekam ich schreckliches Herzrasen. Manchmal waren diese Attacken so schlimm, dass ich meine Mutter in Todesangst anbettelte, den Notarzt zu rufen. Als ich einmal zur eingehenden Untersuchung in die Klinik gebracht wurde, fragte ich den Rettungssanitäter im Krankenwagen voller Panik: »Muss ich jetzt sterben?« Er blickte mich freundlich an und antwortete sanft: »Aber nein, keine Sorge, du musst ganz bestimmt nicht sterben.« Beruhigt ließ ich mich auf die Bahre sinken. Doch wie lange würde ich meinen Alltag aus Arbeit, Quälerei und Prügeln noch durchstehen? Irgendwie musste ich versuchen, wieder auszubrechen, mich wenigstens ab und zu mit anderen Menschen zu unterhalten, sonst würde ich eines Tages wirklich zusammenklappen. Doch wo sollte ich diese Leute jetzt, nach all den Lügen, noch finden?

Eines Tages – ich war gerade wieder einmal auf einem Besorgungsgang für meine Mutter – traf ich zufällig einen Bekannten aus meiner Zeit mit der »Olsenbande«. Wir waren uns des Öfteren auf dem Polizeirevier begegnet, wenn ich mal wieder einer Vorladung Folge leistete. Er hieß Krzysztof, doch alle nannten ihn nur »Nussknacker«, weil er ein wahrer »Meister« im Knacken von Autos war. Krzysztof gehörte zu einer Bande von jungen Männern, die alle schon einmal im Gefängnis gesessen hatten. Ihr Strafregister reichte von Autodiebstahl über Erpressung bis hin zu Raub mit Körperverletzung. Ein anderes Kaliber als die vergleichsweise harmlose »Olsenbande« mit ihren kleinen Einbrüchen. Krzysztof und seine Kumpel waren sicherlich kein guter Umgang für mich, aber immerhin gingen sie mir nicht aus dem Weg. Ganz im Gegenteil, mein Ruf brachte mir bei ihnen sogar Sympathie ein; meine kriminelle Vergangenheit machte mich zu einer von ihnen. Und schon bald hatten sie mich in ihre Clique aufgenommen. Wie bei der »Olsenbande« war ich auch diesmal das einzige Mädchen, was weder mich noch Krzysztof und seine Kumpel störte. Schließlich hatte ich bei Bartek, Michal und Wojtek gelernt, wie ich mich unter Jungs behaupten musste. Obgleich die Mitglieder meiner neuen Bande ein paar Jahre älter waren, standen auch sie auf Coolness, freche Sprüche und Draufgängertum.

Ich sehnte mich so sehr nach dem Gefühl, dazuzugehören und gemocht zu werden, dass ich bereit war, einen hohen Preis dafür zu zahlen. Und so gab ich meinen Entschluss, nicht mehr kriminell zu werden, auf. Meine alten Freunde hatte ich alle verloren. Zu Hause erwarteten mich nichts als Gewalt und quälende Einsamkeit. Ich sah nur zwei Möglichkeiten: Autos knacken oder zu Hause vor die Hunde gehen. Ich entschied mich für die Autos.

Unter kriminellen Bandenmitgliedern war es üblich, Tattoos zu tragen, und so ließ auch ich mich als Zeichen der Zugehörigkeit tätowieren. Das »L« – vom englischen Wort »to look« – wies mich als Mitglied aus, das bei Verbrechen Schmiere steht. Der Punkt auf meiner Hand war das Zeichen für einen Dieb. Dieser Geheimcode ermöglichte es den Kriminellen untereinander, auf den ersten Blick zu erkennen, mit wem sie es zu tun hatten. Nun trug also auch ich diese Art Branding, das mich als Kriminelle kennzeichnete.

Krzysztof und seinen Kumpels machte es Riesenspaß, der Polizei eins auszuwischen, indem sie ein direkt vor dem Revier geparktes Polizeiauto klauten, damit wie wild durch die Gegend heizten, bis der Tank leer war, und es dann irgendwo am Straßenrand stehen ließen. Schon bald war ich mit von der Partie. Ich genoss es, diese abgestumpften, aggressiven Bullen, mit denen ich nur schlechte Erfahrungen gemacht hatte, zu blamieren. Damals war der sprichwörtliche »Freund und Helfer« unter der polnischen Polizei in etwa so häufig zu finden wie ein vierblättriges Kleeblatt. Die meisten Polizisten, die ich getroffen hatte, schlugen schnell zu und behandelten einen wie Dreck. Nicht auszudenken, was sie mit mir und meiner neuen Clique angestellt hätten, wenn es ihnen gelungen wäre, uns in die Finger zu bekommen …

Von Krzysztof lernte ich, wie man Autos knackt und Radios ausbaut. Ich hatte meine neu erworbenen »Fertigkeiten« bereits ein paar Mal erfolgreich angewandt, als wir eines Abends von einem wütenden Autobesitzer ertappt wurden. Mit einer Eisenstange in der Hand kam er auf uns zugerannt. Da ich noch neben dem Wagen stand, konnte ich fliehen. Mein Kumpel dagegen hatte schon dringesessen und musste ein paar derbe Schläge einstecken, bevor auch ihm die Flucht gelang. Einige Tage später brachen wir in einen Monopolladen ein und räumten kräftig Alkohol und Spirituosen ab. Auch Villen standen auf der Liste unserer Raubzüge, um an Geld, Schmuck und andere Wertgegenstände zu kommen. Die Beute wurde stets unter uns aufgeteilt, und jeder bekam gleich viel.

Der nächste Coup, den wir geplant hatten, versprach ein besonders gutes Geschäft zu werden. Wir wollten erneut ein Auto klauen, einen richtig schicken Schlitten, und an den Türsteher einer Disco verkaufen. Zuerst lief auch alles wie am Schnürchen: Mit wenigen gekonnten Handgriffen knackte Krzysztof den Wagen, wir öffneten die Türen, ich nahm auf dem Beifahrersitz Platz und die übrigen Jungs drängten sich auf die Rückbank. Schon hatte Krzysztof das Auto gestartet und fuhr vorsichtig im Schritttempo los. Doch nach nur wenigen Metern entdeckten wir plötzlich einen Polizeiwagen, der halb versteckt hinter ein paar Büschen stand. »Verdammt, die Bullen! Festhalten! Wir fahren in den Wald, um sie abzuhängen«, rief Krzysztof kurz entschlossen und gab Vollgas. Der Wagen ging derart rasant los, dass mir gar keine Zeit mehr blieb, mich anzuschnallen. Stattdessen krallte ich mich mit beiden Händen am Sitz fest. In Höchstgeschwindigkeit hatten wir unser Ziel erreicht und heizten wie bei einer Querfeldeinrallye mitten in den stockfinsteren Wald hinein. Der Wagen holperte höllisch über den unebenen Boden und ich hatte größte Mühe, mich weiterhin festzuhalten, um nicht mit dem Kopf gegen die Decke zu knallen. Was für eine mörderische Fahrt! Krzysztof hatte nämlich auch noch die Scheinwerfer ausgeschaltet, um die Bullen abzuschütteln. Ein fataler Fehler! Ich wollte gerade im Außenspiegel nachsehen, ob die Polizei noch hinter uns her war, als sich auf einmal alles drehte. Noch ehe ich irgendetwas begriff, hatte der Wagen sich bereits mehrfach überschlagen. Wie Stoffpuppen wurden wir hin und her geschleudert. Ich schlug mit dem Kopf gegen das Armaturenbrett und verlor kurz das Bewusstsein.

Als ich wieder zu mir kam, war der Wagen zum Stehen gekommen und zischte bedrohlich. Im Inneren herrschte Totenstille. »Was ist mit den anderen?«, schoss es mir panisch durch den Kopf. Da nahm ich hinter mir Bewegungen wahr, dann hörte ich Stimmen. Erleichtert atmete ich auf, Gott sei dank waren alle am Leben. »Los! Nichts wie raus hier!«, befahl Krzysztof da auch schon. Erst jetzt bemerkte ich den Qualm, der aus der Motorhaube stieg. Mit einem Schlag begriff ich, dass wir in einem Pulverfass saßen. Der Wagen konnte jeden Moment in Flammen aufgehen! Hektisch tastete ich nach dem Türgriff, konnte ihn aber nicht finden. Was war bloß los? Wo war dieser blöde Griff? Roch es etwa schon nach Benzin? Eine erneute Welle der Panik erfasste mich und ich fingerte fieberhaft an der Tür herum, als ich hinter mir Rafals Stimme hörte: »Wir liegen auf dem Dach! Los! Wir müssen wie aus einem Panzer aussteigen!« Endlich fand ich den Türgriff und kletterte – immer noch leicht benommen – aus dem Wagen.

Als ich mich aufrichtete, spürte ich rund um mein rechtes Auge einen starken Schmerz. Gerade als ich die Stelle abtasten wollte, erschallten plötzlich laute Rufe und grimmiges Hundegebell. Und von Sekunde zu Sekunde kam das Gekläffe näher. Mir stockte der Atem. Die Bullen! Wir hatten sie also doch nicht abgehängt! Schon konnte ich die vielen kleinen Lichter ihrer Taschenlampen zwischen den Bäumen ausmachen. Wie ein Schwarm Glühwürmchen steuerten sie direkt auf uns zu. Was jetzt? Wie sollten wir ohne Fluchtwagen entkommen? Ich spürte, wie meine Knie weich wurden. »Wir müssen uns trennen! Jeder läuft in eine andere Richtung!«, rief Krzysztof hastig, drehte sich um und stürmte einfach davon. Die anderen taten es ihm gleich. Ohne weiter nachzudenken, ignorierte ich meine weichen Knie, nahm die Beine in die Hand und rannte blindlings tiefer in den Wald hinein.

Es war eine rabenschwarze Nacht. Der Himmel war wolkenverhangen, kein einziger Stern spendete Licht. Es war so dunkel, dass ich nicht einmal die Hand vor Augen erkennen konnte. Völlig orientierungslos hastete ich vorwärts. Schon nach wenigen Minuten stolperte ich über eine Baumwurzel, stürzte zu Boden und spürte, wie mir der Matsch ins Gesicht spritzte. Ich wischte mir mit dem Ärmel über die Augen, rappelte mich auf und lief, so gut es ging, weiter. Doch Meter für Meter wurde das Gestrüpp dichter. So schnell ich konnte, kämpfte ich mich hindurch. Zweige peitschten mir ins Gesicht, meine Haare verfingen sich im Blattwerk und meine Jacke blieb im Geäst hängen. Ich riss mich immer wieder los und rannte und rannte und rannte, während das wütende Hundegebell in meinen Ohren dröhnte. Es klang bedrohlich nahe! Ich fühlte mich wie ein gehetztes Tier, das kurz davorstand, von der blutrünstigen Meute gestellt und in tausend Stücke gerissen zu werden. »Gleich haben sie dich!«, dachte ich panisch und spürte, wie meine Beine von Schritt zu Schritt schwerer wurden. Mein Gesicht brannte wie Feuer. Schweiß lief mir an den Schläfen hinab. Mein Herz pochte so heftig, als wollte es jeden

Moment meinen Brustkorb sprengen. Verzweifelt kämpfte ich gegen die zunehmende Erschöpfung an, während es in meinem Kopf unaufhörlich hämmerte: »Lauf! Lauf! Lauf um dein Leben!«

Plötzlich hielt ich abrupt inne. Zu meiner Überraschung hatte ich das Ende des Waldes erreicht. Diese Stelle kannte ich noch allzu gut von meinen vielen Spaziergängen mit Großmutter und Aro. Von hier aus war es gar nicht mehr weit nach Hause! Es kam mir wie ein Wunder vor, dass ich nach dieser höllischen Hetzjagd genau hier angelangt war. Konnte ich der wilden Hundemeute vielleicht doch noch entkommen? Ein kleiner Funken Hoffnung glimmte in mir auf, während mein Körper bereits SOS-Signale aussandte: Mein Herz überschlug sich, mein Puls raste und meine Beine drohten endgültig zu versagen. Tränen der Verzweiflung liefen mir über die Wangen. »Los, Jana! Nur noch ein kleines Stück! Du schaffst es!«, machte ich mir selbst Mut. Entschlossen wischte ich die Tränen fort, biss die Zähne zusammen und mobilisierte meine letzten Kräfte.

Mein Viertel war wie ausgestorben. Kein Laut war zu hören. Alle Häuser waren dunkel. Auch die Straßenlaternen waren längst erloschen. Ich kam mir vor wie ein völlig erschöpfter Marathonläufer, während ich mechanisch nur noch einen Fuß vor den anderen setzte. »Jetzt bloß nicht schlappmachen! Weiter! Weiter!«, trieb ich mich Meter für Meter an. »Gleich bist du in Sicherheit.« Da! Unser Haus! Plötzlich war es, als zöge mich ein unsichtbarer Magnet mit aller Kraft dorthin. Meine Füße legten sogar noch einmal an Tempo zu. In unserem Wohnzimmer brannte noch Licht. »Bestimmt sitzt Mutter wieder vor dem Fernseher und glotzt Videos«, ging es mir automatisch durch den Kopf. Ich riss die Haustür auf, stolperte mit letzter Kraft die Treppen hinauf und schleppte mich zu unserer Wohnung. Völlig am Ende sank ich direkt hinter der Wohnungstür zu Boden. »Gerettet!«

Offenbar hatte meine Mutter das Geräusch der Wohnungstür gehört und beschlossen nachzusehen. »Wie siehst du denn aus?«, blaffte sie mich genervt an, als sie mich keuchend auf den Knien entdeckte. Ohne eine Antwort abzuwarten, machte sie auf dem Absatz kehrt und ging zurück ins Wohnzimmer.

Erst nach einigen Minuten hatte sich mein Atem so weit normalisiert, dass ich mich langsam aufrichten konnte. Erleichtert stellte ich fest, dass auch mein Herz in seinem alten Rhythmus schlug. Jetzt erst spürte ich wieder diesen Schmerz rund um mein rechtes Auge. Wie in Zeitlupe stand ich auf und wankte mit zentnerschweren Beinen ins Badezimmer. Ich knipste das Licht an, schaute in den Spiegel – und erstarrte bei dem gruseligen Anblick, der sich mir bot: Mein ganzes Gesicht war zerkratzt und blutverschmiert, meine Haare standen wild in alle Richtungen ab und meine Kleidung war voller Risse und Matsch. Als wäre ich einem Horrorfilm entsprungen! Zu allem Übel sah mein rechtes Auge so aus, als bekäme ich durch den Aufprall auf das Armaturenbrett auch noch ein fettes Veilchen, mit dem ich wochenlang würde herumlaufen müssen.

Das war wirklich knapp gewesen! Zum Glück waren auch meine Kumpel der Polizei entkommen. Der Schrecken steckte mir noch eine ganze Weile in den Knochen, was ich mir ihnen gegenüber jedoch nicht anmerken ließ. Wer Angst zeigte, verlor sein Gesicht. Schließlich waren wir Profis! Die anderen brüsteten sich sogar mit der waghalsigen Flucht: »Da haben wir's den Bullen aber gezeigt! So schnell gehen wir denen nicht auf den Leim!« Ich stimmte in ihr höhnisches Gelächter mit ein. Insgeheim hoffte ich, von solch brenzligen Situationen in Zukunft verschont zu bleiben. Allein bei dem Gedanken an das ohrenbetäubende Hundegebell bekam ich auf der Stelle eine Gänsehaut. Doch schon nach wenigen Tagen war alles wieder beim Alten. Sobald es dunkel wurde, standen Autoknacken und Einbrüche auf unserem Programm.

Inzwischen ging ich immer seltener nach Hause. Mal übernachtete ich in der Wohnung eines Kumpels, mal drangen wir in eine Ferienanlage an einem nahegelegenen See ein. Die Hassliebe, die ich zu diesem Zeitpunkt für meine Mutter empfand, ließ mich etwas auf Abstand zu ihr gehen. Der Schmerz über ihre letzte Intrige saß einfach zu tief. Ich vermisste sie weniger als früher, sodass ich nur noch hin und wieder mit meiner Beute bei ihr vorbeischaute. Ich machte mir keinerlei Illusionen mehr darüber, dass es das Diebesgut war, das sie erstrahlen ließ, und nicht etwa mein Anblick. So bitter es auch war, eines stand fest: Zu Hause wartete niemand auf mich.

Kaum zwei Wochen nach der schrecklichen Verfolgungsjagd griff mich die Polizei erneut auf. Inzwischen kannte ich den Ablauf schon, sodass ich keine Angst mehr hatte, als sie mich nach dem Verhör wieder in den Jugendarrest steckten. In dieser Hinsicht war ich mit meinen 15 Jahren schon ein alter Hase, der genau wusste, was ihn dort erwartete. So war es keine Überraschung, das einzige Mädchen unter den Gefangenen zu sein. Und so schlüpfte ich widerspruchslos in die Gefängniskluft, diesen scheußlichen gestreiften Frotteepyjama. Im Aufenthaltsraum suchte ich mir einen abseits gelegenen Platz. Ich wollte keine neuen Bekanntschaften. Ich wollte einfach nur meine Ruhe. Für die anderen war ich als Mädchen natürlich eine Attraktion. Aus den Augenwinkeln beobachtete ich, wie die Jungs mich neugierig anglotzten. Ich hoffte nur, dass der Aufseher wenigstens umgänglich sein würde und uns nicht schikanierte.

Leider ging mein Wunsch einmal mehr nicht in Erfüllung. Im Gegenteil, ich geriet sogar an ein besonders gemeines Exemplar, das uns mit allen Mitteln seine Macht demonstrieren wollte. Es dauerte nicht lange, bis der Aufseher mich als einziges Mädchen auf dem Kieker hatte. Außerdem hatte mein blaues Auge seine Neugier geweckt. Immer wieder baute er sich großspurig vor mir auf und versuchte, mich zu provozieren: »Wo hast du denn das blaue Auge her? Hat dir einer deiner Freunde einen Denkzettel verpasst? Oder hast du dich bloß schlecht geschminkt?« Da ich keinen Ärger wollte, ignorierte ich ihn einfach, obwohl mich seine Fragerei unglaublich nervte. Wortlos blickte ich zu Boden, während ich auf meinem Stuhl hin- und herschaukelte.

Als der Aufseher merkte, dass er mich mit diesem Thema nicht aus der Reserve locken konnte, schoss er sich auf meine Familie ein. »Sag mal, wo ist eigentlich deine Oma? Die war doch Lehrerin, oder? Ist bestimmt nicht gerade stolz auf dich. Sonst käme sie dich doch besuchen«, frotzelte er mit einem spöttischen Grinsen. Oma – bei ihrem Namen spürte ich einen Stich mitten ins Herz. *Das* hätte er nicht sagen dürfen! Damit hatte er das Fass zum Überlaufen gebracht! Eine Welle der Wut überflutete mich und ich giftete ihn grimmig an: »Meine Oma ist da, wo *du* sein solltest: im Grab!« Meine Mitinsassen hatten die ganze Szene aufmerksam verfolgt und brachen in schadenfrohes Gelächter aus. Von einer Sekunde zur anderen färbte sich das Gesicht des Aufsehers knallrot. Er schnaubte verächtlich, seine Augen verengten sich zu Schlitzen und er trat mit voller Wucht gegen meinen Stuhl. Der Stuhl kippte nach hinten und ich schlug mit dem Kopf auf den Steinboden auf. Ein dumpfer Schmerz durchzuckte mich. Leicht benommen versuchte ich aufzustehen, während der Aufseher im Sturmschritt aus dem Raum marschierte. Mein Schädel fühlte sich so an, als gäbe darin ein verrückter Trommler sein wildes Solo. Ich schüttelte den Kopf, aber der Trommelwirbel hielt an. Blut lief mir aus der Nase. Alle schauten gespannt zu mir herüber. »Glaubt bloß nicht, dass ich mir vor euch irgendwas anmerken lasse«, dachte ich trotzig, wischte das Blut mit dem Ärmel weg und setzte mich mit gleichgültiger Miene wieder auf meinen Stuhl.

»Wahrscheinlich sind die Jungs jetzt sauer auf mich, weil es wegen mir an diesem Wochenende keine Belohnung gibt«, dachte ich mit brummendem Schädel. Bei guter Führung durften wir am Wochenende nämlich Videos schauen. Doch ich hatte mich geirrt. Kaum saß ich wieder, kamen sie auch schon auf mich zu. »Hey, das war echt mutig von dir!«, sagte einer, und die anderen nickten zustimmend. Offenbar hätten sie einem Mädchen so was nicht zugetraut. Dann stellten sie sich vor, wobei jeder versuchte, mich mit seinem Strafregister zu beeindrucken. Wir unterhielten uns eine Weile, und ich beschloss, mich später beim Abendessen zu ihnen zu setzen.

Das Abendessen fiel wie immer äußerst karg aus. Während ich auf der harten Brotkruste herumkaute, raunte einer von ihnen, Bogdan, mir plötzlich zu: »Wir hauen von hier ab! Kommst du mit?« Erstaunt blickte ich ihn an. »Wie wollt ihr das denn bitte anstellen?« »Ganz einfach«, grinste Bogdan. »Am Samstag sind sicher wieder Videos angesagt. Und wenn sich der Aufseher wie immer über den Fernsehtisch beugt, um den Videorekorder anzuschließen, wird ihm mein Kumpel Guccio mit einem Tischbein eins über die Rübe ziehen.« »Mit einem Tischbein?«, hakte ich ungläubig nach. »Genau!«, bestätigte Bogdan. »Das schrauben wir nämlich vorher ab und stellen es nur zum Schein wieder unter die Tischplatte. Sichere Nummer! Kann gar nicht schiefgehen.« »Und was ist mit dem zweiten Aufseher?«, fragte ich skeptisch. »Den werden wir anderen zusammen bearbeiten«, erklärte Bogdan entschlossen. Ich war allerdings noch nicht wirklich überzeugt. »Bestimmt sind die Videos dieses Wochenende gestrichen, wegen meiner frechen Antwort«, gab ich zu bedenken. »Eben nicht!«, mischte sich jetzt Guccio grinsend ein. »Ich hab gesehen, dass sie schon die Filme aussuchen. Oder glaubst du, der Aufseher wird seinem Kumpel erzählen, dass du ihn vor allen zum Trottel gemacht hast? Nie im Leben!« Er zwinkerte mir zu. Bei dem Gedanken an das knallrote Gesicht des Aufsehers mussten auch wir anderen wieder lachen. »Psst«, machte Bogdan. »Nicht so laut! Sonst schöpfen die noch Verdacht, dass wir was vorhaben.« Sofort verstummte das Gelächter. Jetzt war auch ich davon überzeugt, dass der Plan aufgehen würde. »Und was soll ich machen?«, wollte ich noch wissen. »Dir bloß nichts anmerken lassen! Das ist das Wichtigste. Und dich freuen, dass du schon bald wieder draußen bist!«

Als der Videonachmittag endlich da war, schlug mir das Herz vor Aufregung bis zum Hals. Doch ich hatte gelernt, ein Pokerface aufzusetzen, nicht zuletzt aufgrund meiner vielen Verhöre, und so merkte mir niemand meine Nervosität an. Da betrat der Aufseher den Aufenthaltsraum, ging zügig auf den Fernsehtisch mit dem Videorekorder zu und beugte sich vornüber, um das Gerät anzuschließen. »Jetzt geht's los!«, schoss es mir durch den Kopf, während ich Guccio einen raschen Blick zuwarf. Guccio war gerade im Begriff aufzustehen, als der Aufseher sich unerwartet schnell wieder aufrichtete und sich uns mit dem Tischbein in der Hand zuwandte. Niemals werde ich seinen verblüfften Blick vergessen. Er schien einfach nicht glauben zu können, was ihm angesichts des hölzernen Tischbeins, aus dem das spitze Ende einer Schraube ragte, soeben klar geworden war. Er blickte mehrmals zwischen uns und dem Tischbein hin und her, bevor er seine Sprache wiederfand. »Damit wolltet ihr mich also erschlagen?«, fragte er schließlich vorwurfsvoll. Keiner von uns gab einen Laut von sich. Ich wagte kaum zu atmen. »Das war's! Aus! Vorbei!« war alles, was ich denken konnte. Während uns der ältere Aufseher noch immer ungläubig anstarrte, schritt sein jüngerer Kollege zur Tat und brachte die Situation unter Kontrolle. »Keiner rührt sich vom Fleck!«, schrie er mit zorniger Miene und schwang drohend seinen Knüppel. Dann alarmierte er seine Kollegen, die uns einzeln in unsere Zellen brachten.

Als ich wenige Minuten später allein auf meiner Pritsche saß, kam es mir mit einem Mal vor, als würde ich aus einem bösen Traum erwachen. Was hatten wir uns bloß dabei gedacht!? Ein kräftiger Schlag auf den Kopf hätte den Mann schwer verletzen, ja vielleicht sogar umbringen können! Mir lief ein eiskalter Schauder den Rücken hinunter. Einbruch oder Diebstahl waren eine Sache, aber Totschlag oder Mord eine ganze andere. Nein! Nein! Nein! Nie im Leben wollte ich damit etwas zu tun haben. Plötzlich konnte ich gar nicht mehr begreifen, wie ich mich auf so einen Plan überhaupt hatte einlassen können. Aber wie war uns der Aufseher bloß auf die Schliche gekommen? Vielleicht hatte er bemerkt, dass der Fernsehtisch wackelte, als er sich darüberbeugte. Und wahrscheinlich hatte er aufgrund seiner langjährigen Erfahrung sofort gerochen, dass da etwas faul war. Zum Glück! Je länger ich darüber nachdachte, desto erleichterter war ich, dass unser Ausbruchsversuch schiefgegangen war. Zwar hätte ich nach all den Schlägen und Gemeinheiten, die ich von Polizisten und Aufsehern erfahren hatte, kein allzu schlechtes Gewissen gehabt, es ihnen mit gleicher Münze heimzuzahlen. Gewalt erzeugt eben Gegengewalt. Aber ein so brutaler Angriff ging mir dann doch entschieden zu weit! Was würde jetzt wohl mit uns passieren? Ich stand auf und lauschte an der Zellentür, konnte aber keinen Laut vernehmen. Niedergeschlagen setzte ich mich wieder hin. »Wo bist du da nur wieder hineingeraten, Jana«, sagte ich zu mir selbst und kämpfte gegen die aufsteigenden Tränen an. Plötzlich hörte ich, wie jemand einen Schlüssel ins Schloss steckte. Einen Augenblick später wurde die Tür aufgerissen, und der jüngere der beiden Aufseher kam herein. Er musterte mich mit strengem Blick und sagte: »Wir wissen, wer der Anstifter der Sache war. Das heißt aber noch lange nicht, dass du so einfach davonkommst!« Damit drehte er sich auf dem Absatz um, knallte die Tür zu und schloss ab. Jetzt ließ ich meinen Tränen freien Lauf.

Wenige Tage später wurde ich erneut der Familienrichterin vorgeführt. »Jetzt bestätigt sich das schlechte Bild, das sie sowieso von mir hat, schon wieder«, dachte ich betrübt. Tatsächlich fuhr sie mich sofort schroff an: »Was hast du dir bloß dabei gedacht? Fluchtversuch mit Tatwaffe! Weißt du, dass der Aufseher euren Angriff möglicherweise nicht überlebt hätte?« Ich nickte schuldbewusst und blickte beschämt zu Boden. »Das ist ein sehr schweres Vergehen«, fuhr sie in strengem Ton fort. »Ich gebe dir jetzt eine allerletzte Chance, dein Leben zu überdenken. Du kommst bis zur Volljährigkeit in eine Erziehungsanstalt, in der Pädagogen dir helfen werden, auf den rechten Weg zurückzufinden. Dort kannst du auch einen Schulabschluss machen. Aber wenn du diese Chance nicht nutzt, dann wirst du beim nächsten Mal auf jeden Fall hinter Gittern landen.« Mit gemischten Gefühlen nahm ich das Urteil entgegen. Einerseits war es milder ausgefallen, als ich es von der strengen Richterin erwartet hatte. Andererseits befürchtete ich, dass es in dieser Erziehungsanstalt genauso zugehen würde wie in dem Wohnheim, in dem ich so furchtbar unglücklich gewesen war. Die Behandlung dort hatte der im Jugendarrest geähnelt – nur ohne Zellen.

Kurz darauf holten mich zwei Beamte in Zivil ab, um mich mit dem Zug in die rund 300 Kilometer entfernte Erziehungsanstalt zu bringen. Das Abteil, in dem wir saßen, war eigens für uns reserviert. »Mach bloß keinen Ärger! Sonst kriegst du während der Fahrt Handschellen verpasst«, warnte mich einer der beiden unmittelbar vor der Abfahrt. Gedankenverloren blickte ich aus dem Fenster, während der Zug sich Kilometer für Kilometer von meiner Heimatstadt entfernte. Ein mulmiges Gefühl machte sich in mir breit. Noch nie war ich so weit von zu Hause weg gewesen. Noch dazu ganz allein. Und gleich für mehrere Jahre an einem unbekannten Ort unter lauter fremden Menschen … Ich presste die Lippen aufeinander und schluckte die aufsteigenden Tränen hinunter. Vor den Beamten wollte ich mich auf jeden Fall zusammenreißen. Ob die Jungs aus meiner Bande mich wohl vermissen würden? Ob ich wohl wenigstens von Zeit zu Zeit nach Hause durfte? Wenn ich doch bloß ein normales Leben hätte führen können! Aber wie? Und bei wem? Mich wollte doch keiner. Mit schwerem Herzen blickte ich auf die draußen vorbeiziehenden Wiesen und Felder. »Hast du Hunger?« Die Frage des Beamten riss mich aus meinen Gedanken. Er war gerade dabei, seinen Proviant auszupacken, und hielt mir eines seiner Brote hin. Ich nickte, nahm das Brot und bedankte mich.

Nach unserer Ankunft erfuhr ich, dass wir zuerst noch einen Fußmarsch zur nächsten Polizeiwache zurücklegen mussten.

Von dort würden wir dann mit einem Polizeiauto zur Erziehungsanstalt fahren. »Jetzt muss ich dir wirklich Handschellen anlegen. Aber keine Sorge, ich schließe sie nicht auf dem Rücken, sondern vorne. Dann fallen sie nicht so auf«, erklärte mir der eine Beamte, bevor wir losgingen. Wortlos streckte ich ihm meine Hände entgegen.

Die Erziehungsanstalt lag in einem kleinen, abgelegenen Dorf, das nichts als ein paar Bauernhöfe aufwies. Die Einrichtung bestand aus mehreren nebeneinanderliegenden Gebäuden, die von einer Absperrung umgeben waren. »Wieder eingesperrt!«, schoss es mir durch den Kopf, als wir das Eingangstor passierten.

Der Anstaltsleiter und meine künftige Gruppenleiterin erwarteten mich bereits. Nachdem sie mich freundlich begrüßt hatten, ging die Gruppenleiterin mit mir ins Aufnahmebüro. Dort wurden nicht nur meine Tätowierungen, sondern sogar die Anzahl der Narben auf meinen Armen vermerkt. Wie ich erfuhr, gehörte es zu den Anstaltsregeln, dass bei Selbstverletzungen jeglicher Art sofort die zuständige Richterin informiert wurde, um über den weiteren Verbleib hier zu entscheiden. Nachdem alle Formalitäten erledigt waren, bekam ich eine warme Mahlzeit und wurde anschließend durch die Räumlichkeiten geführt. Meine Gruppenleiterin war eine lebhafte, freundliche Frau von ungefähr 30 Jahren und wie alle anderen Betreuer von Beruf Sozialpädagogin. »Wir möchten dir bei deinem Neustart helfen, so gut wir können«, erklärte sie mit einem sympathischen Lächeln. »Damit du mit deiner kriminellen Vergangenheit abschließen kannst, ist es wichtig, dass du dich wieder an einen normalen Tagesablauf gewöhnst. Darauf legen wir hier großen Wert. Unter der Woche wirst du zur Schule gehen. Wenn du gern singst, kannst du an den Wochenenden in unserem Chor mitmachen. Da das hier eine geschlossene Erziehungsanstalt ist, gibt es nur Gruppenausgänge in Begleitung der Betreuer. Aber wenn du dich gut führst, kannst du nach einer gewissen Zeit zur Belohnung Freigang bekommen.« Ich nickte und war fest entschlossen, alles richtig zu machen. »Und jetzt zeige ich dir noch dein Zimmer.« Zu meiner großen Überraschung war der Raum, den ich mir mit mehreren Mädchen teilen würde, hübsch eingerichtet. Wie ein richtiges Jugendzimmer mit Schreibtischen und sogar couchartigen Betten. »Es ist spät geworden. Wasch dich noch, und dann geh ins Bett. Morgen früh wirst du geweckt«, verabschiedete sich meine Betreuerin von mir.

Im Waschraum traf ich auf die anderen Mädchen meiner Gruppe, die mich neugierig aus den Augenwinkeln musterten. Ich bemerkte, wie ein paar von ihnen leise tuschelten, und seufzte innerlich. »Da musst du eben durch, Jana«, sagte ich mir. Als nach ein paar Minuten eines der Waschbecken frei wurde, ging ich hinüber. Doch kaum hatte ich angefangen, mich zu waschen, wurde ich plötzlich weggeschubst. »Das ist mein Becken, du dumme Kuh!«, schnauzte mich jemand von der Seite an. Ohne aufzublicken, trat ich entschlossen ans Waschbecken zurück und machte weiter, als sei nichts geschehen. »Hörst du schlecht? Oder muss ich dir in deinen dürren Arsch treten?«, schrie die Stimme wütend. Jetzt blickte ich doch auf. »Was für ein Riesenweib!«, schoss es mir durch den Kopf, als ich ein etwa 90 Kilo schweres, hochgewachsenes Mädchen vor mir sah. »Die glaubt wohl, dass sie es hier mit einem kleinen, schwachen Mäuschen zu tun hat, das gleich kuscht. Wenn die hier den Boss raushängen lassen will, ist sie bei mir an der falschen Adresse!« Als Bandenmitglied wusste ich, dass man auf keinen Fall Schwäche zeigen durfte, sonst trampelten alle auf einem herum. Also ging ich zum Angriff über und schnauzte zurück: »Na warte! Dir zeig ich's! So was sagst du nicht noch mal zu mir!« Und schon ging ich mit geballten Fäusten auf das Riesenweib los. Wir wälzten uns auf dem Boden, schlugen mit den Fäusten auf uns ein und zerrten uns an den Haaren. »Hey, hört auf! Die Betreuerin kommt«, warnte uns eines der anderen Mädchen, als unsere Gruppenleiterin bereits in der Tür stand. Blitzschnell ließen das Riesenweib und ich voneinander ab. »Was ist hier los?«, fragte die Betreuerin in die Runde. Niemand antwortete. »Komm mit!«, forderte sie mich daraufhin auf, und wir verließen gemeinsam den Waschraum.

Offenbar kannte unsere Betreuerin ihre Schäfchen gut genug, um zu wissen, wer den Streit angezettelt hatte. Aber sie verlor kein Wort darüber. Stattdessen sagte sie zu mir: »Du solltest wissen, dass wir hier großen Wert auf eine gute Gemeinschaft legen. Wenn jemand Probleme macht, wird er mit Brief- und Telefonsperre bestraft. Wenn es gar nicht anders geht, gibt es auch einen Isolationsraum, der allerdings schon lange nicht mehr benutzt wurde. Und ich wünsche mir sehr, dass das auch so bleibt.« Ich nickte einsichtig. »Ich werde keine Probleme machen. Darauf können Sie sich verlassen!«, antwortete ich. Die Betreuerin schenkte mir erneut ihr sympathisches Lächeln, wünschte mir eine gute Nacht und schickte mich auf mein neues Zimmer.

Am nächsten Tag stand plötzlich das Riesenweib vor mir, zusammen mit ein paar anderen Mädchen. »Die ist bestimmt wieder auf Ärger aus«, dachte ich. Sofort fiel mir mein Versprechen gegenüber unserer Betreuerin wieder ein, und ich war fest entschlossen, mich nicht noch einmal provozieren zu lassen. Doch zu meiner Überraschung kam das Riesenweib in friedlicher Absicht. Nachdem sie und die anderen sich vorgestellt und ein bisschen von sich erzählt hatten, wollten sie wissen, wo ich herkäme und was ich ausgefressen hätte. Es dauerte nicht lange, und das Eis war gebrochen. In der nächsten Zeit bestätigte sich mein erster Eindruck, dass das Riesenweib die Anführerin der Gruppe war. Aber damit konnte ich gut leben. Ich hatte keinerlei Interesse daran, ihr diesen Rang streitig zu machen. Ich wollte einfach nur Ruhe und Frieden. Und so kam es, dass wir uns nach ein paar Wochen sogar angefreundet hatten.

Ich versuchte alles, um mich so gut wie möglich in das Anstaltsleben zu integrieren, war stets pünktlich, passte im Unterricht gut auf und trat auch in den Chor ein. An den Wochenenden unternahmen wir zusammen mit den Betreuern oft Spaziergänge. Dabei grüßten uns die Bauern im Dorf immer sehr freundlich, und manchmal luden sie uns sogar zu Kaffee und Kuchen ein. Es war Balsam für meine geschundene Seele, dass mir hier alle ohne Vorurteile begegneten. Keine Beschimpfungen, keine verächtlichen Blicke. Für diese Menschen spielte meine kriminelle Vergangenheit keine Rolle. Im Laufe der Wochen spürte ich auch, wie gut es mir tat, endlich wieder einen geregelten Tagesablauf mit festen Mahlzeiten, ausreichend Schlaf in einem richtigen Bett und netten Unterhaltungen mit den anderen Mädchen zu haben. Und die Betreuer gaben sich wirklich große Mühe, uns bei unserem Neustart zu helfen. Kein Vergleich zu der kalten, unpersönlichen Atmosphäre, unter der ich in jenem Wohnheim so gelitten hatte. Zum ersten Mal seit dem Tod meiner Oma hatte ich wieder das Gefühl, in sicheren, geordneten Verhältnissen zu leben. Zum ersten Mal fühlte ich mich wieder wohl.

Doch manchmal schlägt das menschliche Herz einen Weg ein, dem der Verstand nicht folgen kann: In diesen Wochen, in denen ich mich immer wohler fühlte, wurde gleichzeitig mein

Heimweh immer größer, die Sehnsucht nach meiner Mutter immer stärker. Manchmal schaffte ich es zwar, diese Sehnsucht auszublenden, doch dann war sie plötzlich wieder da, so stark, dass ich kaum wusste, wie ich den nächsten Tag überstehen sollte. Es war vor allem die große Entfernung, die mir zu schaffen machte. In meiner Heimatstadt hätte ich jederzeit zu ihr gehen können, wenn ich gewollt hätte, aber von hier aus war das unmöglich. Allein das Wissen, sie in meiner Nähe zu haben, hätte mir schon ein gutes Gefühl gegeben. Die Bindung zu meiner Mutter war offenbar auch mit 15 Jahren noch stärker, als ich selbst gedacht hätte. Ich habe mich oft gefragt, worauf dieses Band eigentlich beruhte, ohne eine Antwort zu finden. Es war einfach so.

Abgesehen von meinem Heimweh setzte mir auch das Gefühl des Eingesperrtseins sehr zu. Ich fühlte mich wie ein Vögelchen im Käfig, das zwar gut gefüttert wird, aber nicht fliegen darf. In jenen Monaten wurde mir erst so richtig bewusst, wie kostbar Freiheit ist. Umso entschlossener war ich, keine krummen Dinger mehr zu drehen. Um nichts in der Welt wollte ich erneut eingesperrt werden. Ich hatte zwar keine Ahnung, wie die Zukunft für mich aussehen sollte, aber von einer Sache war ich felsenfest überzeugt: Mit meiner kriminellen Vergangenheit hatte ich abgeschlossen. Endgültig! Kein Autoknacken, keine Einbrüche, keine Diebstähle mehr!

Als die Sommerferien kamen, erhielt ich wegen guter Führung die Erlaubnis, nach Hause zu fahren. Bei dem Gedanken daran, endlich meine Mutter wiederzusehen, hüpfte mein Herz vor Freude. Gleichzeitig war ich unendlich erleichtert, die Anstalt verlassen zu können. Ich wusste noch nicht, wie ich es anstellen sollte, aber ich wusste, dass ich nicht wieder dorthin zurückkehren würde. Ich würde mich nicht noch einmal in diesen »goldenen Käfig« einsperren lassen. Ich konnte es nicht länger ertragen. Ich wollte unbedingt wieder frei sein. Und in der Nähe meiner Mutter.

6. KAPITEL

Angeworben – In der Abwärtsspirale in die Prostitution

Als ich im Sommer 1994 nach Hause zurückkehrte, war im Erdgeschoss unseres Mietshauses ein junges Ehepaar mit einer kleinen Tochter eingezogen. Sie brachten frischen Wind in unser ausschließlich von alten Leuten bewohntes Haus. Einigen Nachbarn war dieser Wind allerdings zu frisch, denn Ela, eine große, schlanke Frau mit kurzen blonden Haaren, feierte gern und viel. Nachdem sie mehrere Jahre lang ihre krebskranke Mutter gepflegt hatte, wollte sie sich nun so richtig ausleben. Immer wieder kam es vor, dass die Polizei mitten in der Nacht aufkreuzte und die lautstarken Partys des jungen Paares beendete, weil sich Nachbarn beschwert hatten. Meine Mutter dagegen – sofort dabei, wenn's ums Feiern ging – war ganz begeistert von den ausschweifenden Feiern mit Alkohol und Diskomusik. Sie freundete sich mit Ela an und schaute schon bald Tag für Tag bei ihr vorbei. Wenn sie gut drauf war, weil ich ihr gerade wieder einen neuen Vorrat an Tabletten besorgt hatte, nahm sie mich sogar mit. Auch mir war Ela auf Anhieb sympathisch. Sie strahlte Lebensfreude aus, war unbeschwert und dabei doch eine reife Frau, die allen Menschen mit einer offenen, aufmerksamen Art begegnete. Mit meinen 15 Jahren fühlte ich mich sowieso viel mehr zu Erwachsenen hingezogen als zu Mädchen meines Alters. Mit den typischen Teenagergesprächen über Jungs, Mode und Musik konnte ich kaum etwas anfangen. Umso mehr freute ich mich auf die Besuche bei Ela, obwohl meine Mutter mich auch in ihrer Gegenwart nicht selten wie ein Stück Dreck behandelte. Ich fragte mich, was Ela wohl darüber denken mochte. Manchmal glaubte ich, einen missbilligenden Ausdruck über ihr Gesicht huschen zu sehen. Doch sie sagte kein Wort. Hatte ich mich getäuscht? War es ihr vielleicht doch gleichgültig? Oder schwieg sie nur, um keinen Streit mit meiner Mutter vom Zaun zu brechen? Ich konnte es nicht sagen.

Doch dann erlebte ich eine Überraschung. Als wir eines Tages allein waren, sagte Ela in vertraulichem Ton zu mir: »Weißt du, Jana, ich mag dich sehr, aber deine Mutter kann ich eigentlich nicht ausstehen. Ihre ewige Lästerei und ihr Tratsch nerven mich derart, dass ich sie jedes Mal am liebsten aus der Wohnung werfen würde. Aber am schlimmsten finde ich, wie mies sie dich behandelt. Das ist ja unmöglich! Ich hätte gute Lust, ihr mal ordentlich die Meinung zu sagen. Aber ich kann mir schon denken, wie sie reagieren würde. Wahrscheinlich würde sie ihre Wut dann an dir auslassen. Also mache ich eben auch weiterhin gute Miene zum bösen Spiel und bin freundlich zu ihr, aber nur deinetwegen.« Im ersten Moment war ich total perplex, denn solch deutliche Worte hatte ich nicht erwartet. Aber dann lächelte ich Ela dankbar an. Nun wusste ich also, was sie von meiner Mutter hielt, und konnte mir sicher sein, dass sie voll und ganz auf meiner Seite stand. Von diesem Tag an wurde Ela meine Vertraute, mit der ich über alle meine Sorgen und Nöte sprechen konnte. Sie schaffte es immer wieder, mich zu trösten und mir Mut zu machen. Es war ein unglaublich gutes Gefühl, sich endlich wieder einem Menschen mitteilen zu können. Allerdings war ich sorgfältig darauf bedacht, dass meine Mutter nicht argwöhnisch oder gar eifersüchtig wurde. Sonst hätte sie mir wahrscheinlich den Kontakt zu Ela verboten.

Auf einer von Elas Partys lernte ich Pawel kennen, einen dunkelblonden, schlanken, hochgewachsenen Mann von Mitte 20. Er machte nicht nur einen sehr gepflegten, sondern aufgrund seiner teueren Klamotten auch einen sehr wohlhabenden Eindruck. Sein Verhalten ließ daran erst recht keinen Zweifel aufkommen. Bescheidenheit war nicht seine Art. Er legte es geradezu darauf an, sein Portemonnaie zu zücken, damit alle die vielen Geldscheine darin sehen und ihn dafür bewundern konnten. Niemand schien sich zu fragen, wie er eigentlich zu seinem Geld gekommen war. Aber das war in Polen in den Jahren nach der Wende auch nicht üblich. Es galt das Motto: »Geld stinkt nicht.« Wenn man es zu etwas gebracht hatte, dann sollten es auch alle sehen. Eine italienische Designeruhr, ein teures deutsches Auto oder ein luxuriös eingerichtetes Apartment – damit konnte man Eindruck schinden.

Auch mir imponierte Pawels selbstbewusste Art, obwohl ich eigentlich lieber ruhige, zurückhaltende Typen mochte. Außerdem fühlte ich mich geschmeichelt, weil er sich ganz offensichtlich für mich interessierte. Er suchte meine Nähe, sprach mich an und begann eine sehr nette, höfliche Unterhaltung mit mir. Ausgerechnet mit mir! Wer war ich denn schon? Ein einfach gekleidetes, zierliches junges Mädchen aus bescheidenen Verhältnissen. Bestimmt hätte er auch bei den anderen weiblichen Partygästen gute Chancen gehabt. Was es wohl sein mochte, das ihm speziell an *mir* gefiel? Aber ich wollte mir nicht den Kopf darüber zerbrechen, sondern einfach seine Aufmerksamkeit genießen. Es verlieh mir eine ordentliche Portion Selbstbewusstsein, dass ein attraktiver, gut situierter Mann wie Pawel den ganzen Abend lang nicht von meiner Seite wich. So etwas hatte ich noch nie erlebt.

Da Pawel mit Ela befreundet war, zählte er zu den Stammgästen ihrer Partys. So trafen wir uns immer wieder und unterhielten uns jedes Mal sehr gut. Trotz seiner Angeberei war Pawel ein aufmerksamer Gesprächspartner. So viel Interesse an meiner Person hatte ich außer bei Maciek noch nie erlebt. Eine willkommene Abwechslung zu meinem tristen Alltag! Eines Tages lud er mich zu einer Party in seiner eigenen Wohnung ein. »Warum eigentlich nicht?«, dachte ich und sagte zu. Meiner Mutter war es ohnehin egal, wann beziehungsweise ob ich überhaupt nachts nach Hause kam. Hauptsache, ich erledigte tagsüber sämtliche Arbeiten für sie.

Pawel wohnte nicht weit von meinem Viertel entfernt in einer elegant eingerichteten Zweizimmerwohnung. Es überraschte mich nicht, dass er auf seiner Party für reichlich gutes Essen und jede Menge Getränke gesorgt hatte. Wieder suchte er meine Nähe, machte mir Komplimente über mein Aussehen und plauderte charmant. »Wenn du Lust hast, kannst du mich jederzeit besuchen kommen, Jana«, sagte er beim Abschied. Hocherfreut über sein Angebot ging ich beschwingt nach Hause.

Tatsächlich besuchte ich Pawel daraufhin des Öfteren. Dabei entdeckte er auch einmal die Narben auf meinen Unterarmen. »Wie ist das denn passiert?«, fragte er erstaunt. Ich zögerte einen Augenblick. Doch da ich inzwischen das Gefühl hatte, Pawel vertrauen zu können, erzählte ich ihm alles. »Das ist ja schrecklich!«, rief er bestürzt und legte beschützend seinen Arm um mich. »Bei mir bist du immer willkommen, Jana. Tag und Nacht.« Ich nickte dankbar, und eine wohlige Wärme durchströmte mich. Jetzt war ich nicht mehr auf mich allein gestellt, wenn meine Mutter wieder einmal komplett ausrasten sollte. Ich konnte zu Pawel flüchten. Hier würde sie mich nicht finden. Bei ihm war ich sicher.

Pawel umsorgte mich so sehr, wie ich es seit meiner Zeit mit Großmutter nicht mehr erlebt hatte. Er überhäufte mich mit Geschenken, tollen Kleidern, Schuhen und Parfüms und steckte mir sogar regelmäßig Taschengeld zu. Für all das war ich Pawel sehr dankbar und ging im Laufe des Sommers eine Beziehung mit ihm ein. Liebe – so wie für Maciek – empfand ich allerdings nicht für ihn, es war eher eine Mischung aus Sympathie, Schutzbedürfnis und Schwärmerei. Aber diesmal gelang es mir, meine Beziehung vor meiner Mutter geheim zu halten.

Eines Abends, als ich mich bei Pawel wieder einmal wegen meiner trostlosen Familiensituation ausweinte, sagte er unerwartet: »Ich kann dir helfen, da rauszukommen!« Überrascht blickte ich mit verheulten Augen zu ihm auf. »Wie denn?«, fragte ich schniefend. »Nun ja, ein Freund von mir hat eine Begleitagentur. Ich könnte dich ihm vorstellen«, antwortete er. Ich horchte auf. Eine Begleitagentur? Ich hatte keine Ahnung, was damit gemeint war, aber das Wort »Agentur« klang irgendwie seriös und bedeutsam. Als ich jedoch versuchte, Näheres darüber zu erfahren, gab Pawel sich geheimnisvoll und wollte mir nichts verraten. Stattdessen schlug er mir vor, mich am nächsten Tag dorthin zu begleiten: »Dann kannst du dir selbst eine Meinung bilden und erfährst alles, was du wissen willst. Was meinst du?« Ich sah ihn forschend an. Doch er hielt meinem Blick stand und lächelte freundlich. »Von Pawel hast du nichts Schlechtes zu befürchten«, beschloss ich und stimmte nach kurzem Zögern zu. Beim Abschied sagte Pawel noch zu mir, dass ich mir am nächsten Tag etwas Schönes anziehen solle. »In der Agentur legt man viel Wert auf gepflegtes Aussehen.«

Auf dem Heimweg überlegte ich die ganze Zeit, worum es sich bei einer »Begleitagentur« handeln könnte. Weshalb hatte Pawel so geheimnisvoll getan? Schöne Kleidung, gepflegtes Aussehen? Wer sich da wohl begleiten ließ? Vielleicht handelte es sich um gut situierte Männer, die auf Veranstaltungen nicht allein erscheinen wollten. Ja, das konnte sein! Schließlich wirkte ich für mein Alter schon recht reif und erwachsen. Das wäre doch *die* Gelegenheit für mich, auf ehrliche Art und Weise Geld zu verdienen. Ohne Schulabschluss hatte ich ohnehin nicht viel Chancen. Und schließlich kam das Angebot nicht von irgendwem, sondern von Pawel. Und dem konnte ich vertrauen.

Am nächsten Morgen gab ich mir mit meinem Aussehen größte Mühe. Ich frisierte mich sorgfältig und schlüpfte in das schwarze Minikleid, das Pawel mir samt den dazu passenden Pumps geschenkt hatte, damit ich es auf Partys tragen konnte. Erwartungsvoll machte ich mich auf den Weg zu ihm. Pawel bestellte ein Taxi, das uns zu seinem Freund bringen sollte. Zu meiner großen Überraschung bog der Wagen nach kurzer Zeit in eine Straße meines Wohnviertels ein. »Oh Gott, wenn uns jetzt eine Nachbarin über den Weg läuft und meiner Mutter erzählt, dass sie mich mit einem Mann gesehen hat …«, dachte ich erschrocken. Als das Taxi anhielt, sagte ich zu Pawel: »Hier gibt es doch gar keine Begleitagentur! Ich kenne mich hier aus.« »Keine Sorge, wir sind hier schon richtig«, entgegnete Pawel beruhigend. Ich blickte aus dem Autofenster und konnte kaum fassen, was ich sah: Wir standen direkt vor dem Haus eines früheren Spielkameraden von mir. Eine innere Unruhe ergriff mich. Dennoch stieg ich aus und folgte Pawel. Er klingelte. Ein Summton ertönte. Pawel drückte die Tür auf, und wir betraten den Hausflur. Am Ende des Flurs öffnete sich eine Wohnungstür. Als wir näher kamen, erkannte ich tatsächlich den Vater dieses Spielkameraden. Das durfte doch nicht wahr sein! Was ging hier eigentlich vor? Das nervöse Kribbeln in meinem Bauch wurde stärker.

»Hallo Stanislaw«, begrüßte Pawel den Mann und klopfte ihm freundschaftlich auf die Schulter. Dann bat er mich, in der Diele der Wohnung zu warten, während er mit Stanislaw in einem der Zimmer verschwand. Unruhig trat ich von einem Fuß auf den anderen. Hinter einer der Türen waren Frauenstimmen und Gelächter zu hören. Nach ein paar Minuten kehrten die beiden Männer zurück, und Stanislaw sagte zu mir: »Wenn das keine Ironie des Schicksals ist, was? Vor ein paar Jahren hast du noch mit meinem Sohn Fußball gespielt, und heute stehst du hier in meinem Bordell!« *»Bordell?«*, fragte ich fassungslos und schnappte nach Luft. »Pawel, was soll das? Wo hast du mich da hingebracht?« Ich war entsetzt und fühlte mich furchtbar verraten. Pawel war doch mein Freund, mein Beschützer. Und dieser Pawel, der sich immer so fürsorglich und verständnisvoll gab, hatte mich in ein Bordell gebracht? Das war es also, was sich hinter der »Begleitagentur« verbarg?! Ich war wie vom Donner gerührt. Von einer Sekunde zur anderen schwand meine Hoffnung auf ehrliche Arbeit wie eine Fata Morgana. Wie konnte Pawel mich nur so hinters Licht führen! Bekam er dafür, dass er mich angeschleppt hatte, vielleicht auch noch eine Vermittlungsgebühr von seinem Freund? Vor Enttäuschung und Wut explodierte ich und schrie Pawel meinen ganzen Frust entgegen. Sollte man mein Gezeter doch ruhig im ganzen Haus hören. In diesem Moment war mir das völlig egal. In diesem Moment musste ich meinen Gefühlen einfach Luft machen, um nicht daran zu ersticken.

Mein Geschrei lockte die Frauen aus dem anderen Zimmer hervor. Sie waren alle um die 20, mit schicken Frisuren und eleganten Klamotten. Aus meinem Viertel konnten sie nicht stammen, denn ich hatte sie noch nie zuvor gesehen. Sie kamen auf mich zu, und eine von ihnen legte ihren Arm um mich, während die anderen beruhigend auf mich einredeten. »Komm, Kleine, reg dich doch nicht so auf! Dafür gibt es gar keinen Grund. Ist doch alles in Ordnung.« Ihre Beschwichtigungsversuche machten mich erst recht wütend. Ich wollte mich nicht beruhigen und schon gar nicht von Fremden angefasst werden! Außer mir vor Zorn fragte ich mich immer wieder, wie Pawel mir das antun konnte. Schließlich ergriff eine der Frauen meine Hand und zog mich in das Zimmer, aus dem sie gekommen waren. »Jetzt lass uns mal in aller Ruhe unter vier Augen reden«, sagte sie mit einem freundlichen Lächeln. Widerstrebend setzte ich mich zu ihr auf die Couch. »Also, Kleine, so schlimm, wie du dir das vorstellst, ist es überhaupt nicht. Oder sehen wir etwa total kaputt und fertig aus?« Ich blickte sie an. Okay, sie machte wirklich einen sehr gepflegten und gut gelaunten Eindruck. Hätte ich sie irgendwo auf der Straße oder im Supermarkt getroffen, wäre ich sicher nie auf die Idee gekommen, dass sie als Prostituierte arbeitete. Aber als Prostituierte arbeiten? Das war doch gar keine richtige Arbeit. So etwas tat man nicht! Plötzlich fröstelte mich in meinem knappen Minikleidchen. »Aber ich will das nicht. Ich kann das nicht!«, sagte ich mit belegter Stimme. Alles in mir sträubte sich gegen diesen Gedanken. Die Frau ließ jedoch nicht locker. »Hör mal, Kleine. Ich komme wie du aus armen Verhältnissen. Hier kannst du gutes Geld verdienen und musst nichts tun, was du nicht möchtest. Und mit dem Geld kannst du deiner Familie helfen. Denk darüber nach!«

Ihre letzten Worte ließen mich aufhorchen. Und ich fing an zu überlegen. Natürlich hatte meine Mutter nach meiner Rückkehr damit gerechnet, dass ich wieder zu meiner Bande zurückkehrte. Sie hatte gewissermaßen die neue Beute schon gerochen. Nachdem sich in den letzten Wochen aber nichts dergleichen getan hatte, wurde sie langsam ungeduldig. Und wo das endete, wusste ich nur zu genau. Früher oder später würde sie ausrasten … Aber ich wollte auf keinen Fall wieder in die Kriminalität abrutschen. Ich wollte nicht mehr in irgendwelchen verlassenen Häusern im Dreck übernachten, mich nicht waschen können und morgens mit knurrendem Magen aufwachen. Und vor allem wollte ich mich niemals wieder einsperren lassen. Das war mein schlimmster Albtraum. Und das galt auch für die geschlossene Erziehungsanstalt. Unter keinen Umständen wollte ich nach den Sommerferien dorthin zurück. Selbst auf die Gefahr hin, dass die Familienrichterin mich dann von der Polizei suchen lassen würde. Doch wie sollte ich ohne krumme Dinger an das Geld kommen, um auch in Zukunft daheim geduldet zu werden? Geld gegen Gleichgültigkeit – so lautete der Deal, den meine Mutter mit mir hatte. Prügelattacken und nächtliche Rausschmisse blieben mir erspart. Und ich hatte meine Freiheit! Wenn ich ihr jedoch nicht bald wieder etwas lieferte, würde sie nach den Sommerferien vielleicht sogar der Polizei verraten, dass ich bei ihr war. Eine solche Gemeinheit war ihr durchaus zuzutrauen. Und dann müsste ich bis zu meinem 18. Geburtstag in dieser Erziehungsanstalt leben. Eingesperrt. Aber was sollte ich tun? Was *konnte* ich überhaupt tun? Wer beschäftigte schon eine 15-jährige Ex-Kriminelle ohne Schulabschluss, die eigentlich wieder in eine Erziehungsanstalt zurückmusste? Niemand. Ehrliche Arbeit konnte ich mir abschminken. Wenn ich jetzt Nein sagte, stünde ich nicht nur vor meiner Mutter mit leeren Händen da, ich würde auf jeden Fall auch das kleine bisschen Sicherheit verlieren, das ich bei Pawel hatte. Vielleicht war die Arbeit in dieser »Begleitagentur« ja wirklich gar nicht so schlimm. *Du musst nichts tun, was du nicht möchtest*, hallten die Worte der Frau in meinen Gedanken wider. Ich schluckte. Mein Kopf fühlte sich bleischwer an. Ich hatte das Gefühl, in einer Sackgasse festzustecken. Pest oder Cholera, das war die Wahl, vor der ich stand. Erschöpft ließ ich die Schultern sinken. »In Ordnung, ich bleibe«, sagte ich leise. Was das nun konkret für mich bedeutete, darüber wollte ich lieber nicht nachdenken.

»Du bist gebucht. Mach dich fertig!«, sagte Stanislaw – mein Zuhälter – an meinem ersten »Arbeitstag« zu mir. Inzwischen wusste ich immerhin schon, dass wir zum Anschaffen weggebracht wurden. Obwohl die Wohnung – in der die anderen Prostituierten auch wohnten – mit rund 140 Quadratmetern recht geräumig war, kam nie ein Freier dorthin. Ich schlüpfte wieder in mein schwarzes Minikleid und in ein Paar Stöckelschuhe, die viel höher waren als meine dazu passenden Pumps, sodass ich darin herumstakste wie ein Storch im Salat. Um nicht an das zu denken, was mir bevorstand, betäubte ich mich vor der Abfahrt noch mit einer halben Flasche Sekt auf ex. »Denk nicht dran, denk nicht dran, denk nicht dran!«, hämmerte ich mir unentwegt ein, während Stanislaw mich zu einem stadtbekannten Sternehotel fuhr, in dem ich noch nie zuvor gewesen war. An der Rezeption nannte er eine Zimmernummer, und wir wurden ohne weitere Fragen in die obere Etage geschickt. Ich war so aufgeregt, dass ich das Gefühl hatte, mich jeden Moment übergeben zu müssen. Als wir das Zimmer erreichten, sagte Stanislaw zu mir: »Halt! Ich erklär dir noch kurz, wie das jetzt abläuft: Ich warte hier vor der Tür. Wenn dir irgendwas komisch vorkommt oder der Kunde nicht zahlen will, rufst du mich. Das Geld kassierst du gleich am Anfang. 45 Minuten kosten 400 Zloty. Dafür gibt es nur Sex, alle Extras kosten zusätzlich.« »Was meint er denn mit Extras?«, ging es mir durch den Kopf, aber ich war viel zu aufgeregt, um nachzufragen. Da fuhr mein Zuhälter auch schon fort: »Das Geld wird fifty-fifty zwischen dir und mir geteilt. Mach dir keine Sorgen, ich kenne den Kunden. Hast du Kondome dabei?« Ich nickte. 400 Zloty – rund 100 Euro – waren damals enorm viel Geld.

Stanislaw klopfte an die Tür. Ein Mann mittleren Alters öffnete uns im Bademantel und ließ uns herein. Der Typ beäugte mich eingehend von oben bis unten. Während seine Blicke über meinen Körper glitten, kam ich mir vor wie ein Stück Fleisch, das vor dem Kauf begutachtet wird. Ein erniedrigendes Gefühl. Dann sagte er zu Stanislaw: »Sie ist gut. Kann bleiben«, woraufhin dieser sich zur Tür wandte. Im Vorbeigehen zischte er mir noch ins Ohr: »Sei freundlich zu ihm. Er zahlt gut!« Doch vor lauter Aufregung konnte ich mich nicht einmal einen Millimeter rühren. Wie zur Salzsäule erstarrt, stand ich regungslos da. Mein Freier ergriff die Initiative, gab mir das Geld und bot mir zur Auflockerung ein Glas Sekt an. »Denk an was anderes! Denk an was anderes!«, beschwor ich mich fortwährend, als ich mich auszog und aufs Bett legte. Plötzlich erging es mir wie bei der Gynäkologin nach meiner angeblichen Vergewaltigung: Ich war wie weggetreten. Mein Körper war taub, vollkommen gefühllos, wie tot. Irgendwie schien er nicht mehr mir zu gehören. Ich schloss die Augen und ließ es geschehen. Meinem Freier schienen meine Unerfahrenheit und Passivität zu gefallen, erlaubten sie ihm doch, die Führungsrolle zu übernehmen. Ungeduldig warf ich immer wieder einen verstohlenen Blick auf meine Armbanduhr. Kaum waren die 45 Minuten vorbei, sprang ich vom Bett auf, kleidete mich rasch an und eilte zur Tür. »Warte!«, rief mein Freier mir nach. Ich blieb abrupt stehen und drehte mich mit klopfendem Herzen zu ihm um. »Hier, das ist für dich!«, sagte er und drückte mir noch 100 Zloty in die Hand. Ich packte das Geld und stürmte zur Tür hinaus. »Und lass dich immer gut behandeln!«, hörte ich noch seine Stimme, bevor die Tür ins Schloss fiel. »Deine guten Ratschläge kannst du dir sparen!«, dachte ich frustriert. »Du hättest mich mal lieber fragen sollen, wie ein Mädchen wie ich zum Anschaffen kommt.«

Nachdem ich mehrere Male »gebucht« worden war, entschloss ich mich, bei meiner Mutter vorbeizuschauen. Inzwischen war es höchste Zeit, ihr endlich wieder einmal »Beute« zu bringen. So viele große Scheine auf einem Haufen hatte ich noch nie gesehen. Die würden sie bestimmt für eine Weile zufriedenstellen! Vor allem aber wollte ich mit ihr reden. Meine neue »Arbeit« setzte mir mehr zu, als ich erwartet hatte. Auch wenn ich versuchte, meine Empfindungen abzuschalten, sobald ich bei einem Freier war, fühlte ich mich doch schmutzig und beschämt. Als ich meiner Mutter das Bündel Geldscheine entgegenhielt, leuchteten ihre Augen auf, als hätte jemand ein Licht dahinter angeknipst. Hastig schnappte sie sich die Scheine und ließ sie in ihrer Hosentasche verschwinden. Sie fragte nicht danach, wie ich an diese große Summe gekommen war. Das hatte ich allerdings auch nicht erwartet. Ich wusste, dass es ihr egal war. Aber mir war es nicht egal. Ich musste ihr mein schreckliches Geheimnis einfach mitteilen. Vielleicht würde sie mir wenigstens dieses eine Mal ein wenig Zuspruch und Trost spenden. »Mama, bitte warte noch einen Moment. Ich möchte dir sagen, wie ich dieses Geld verdient habe«, begann ich schüchtern. Das Leuchten in ihren Augen wich einem fragenden Ausdruck. Sie schien überrascht, gerade so, als wollte sie sagen: »Woher das Geld stammt, hat mich doch noch nie interessiert.« Ich holte tief Luft, bevor ich leise gestand: »Mama, ich arbeite als Prostituierte.« »Was? Du gehst mit fremden Männern ins Bett?«, rief sie sichtlich empört. »Pfui Teufel!« Angeekelt spuckte sie aus, stand auf und verließ, ohne mich noch eines Blickes zu würdigen, das Zimmer. Das Geld behielt sie.

Ihre Reaktion war wie eine schallende Ohrfeige für mich. Erstarrt saß ich da und kämpfte gegen die aufsteigenden Tränen an. Jetzt fühlte ich mich noch schmutziger und beschämter als zuvor. Wieder einmal war ich fassungslos angesichts der unglaublichen Herzlosigkeit, ja verächtlichen Grausamkeit, mit der sie mich behandelt hatte. Jede andere Mutter hätte ihre Tochter nach einem so entsetzlichen Geständnis in die Arme genommen, getröstet und nach Kräften versucht, sie aus diesem Sumpf zu retten. Aber nicht meine Mutter. Von ihr konnte ich keinerlei Unterstützung erwarten.

Ganz im Gegenteil. Zu meinem Entsetzen erzählte meine Mutter in der ganzen Nachbarschaft herum, womit ihre Tochter Geld verdiente. Von nun an schämte ich mich jedes Mal in Grund und Boden, wenn ich jemandem aus unserem Viertel begegnete. Was sie damit bezweckte, war mir ein Rätsel. Wollte sie wieder einmal aller Welt beweisen, was für einen schlechten Charakter ich doch hatte? Und das ja schon von klein auf: Erst hatte ich das Lügenmärchen von meiner Misshandlung erzählt, dann hatte ich auf meinen nächtlichen Raubzügen ehrliche Menschen um ihr Hab und Gut gebracht und nun verkaufte ich meinen Körper gegen Geld. Von der kindlichen Lügnerin über die jugendliche Kriminelle zur minderjährigen Nutte – ein Abstieg nach Maß! Passte diese neue Facette nicht wunderbar in das negative Bild, das sie seit Jahren von mir an die Wand malte? War ich nicht geradezu der Inbegriff der missratenen Tochter, die ihrer armen Mutter nichts als Kummer machte? Von außen betrachtet, mochte das so aussehen. Die Wahrheit kannte nur ich allein. Aber wer hätte schon einer Lügnerin, Diebin und Dirne Glauben geschenkt? Wer hätte es mir abgenommen, dass meine Mutter den Großteil meines Diebesguts eingestrichen hatte? Und wer hätte mir geglaubt, dass sie jetzt sogar meinen Verdienst als Prostituierte gierig einsackte? Welche Mutter würde so etwas schon tun? Außerdem hätte sie, dank ihres schauspielerischen Talents, zweifellos alles äußerst überzeugend abgestritten. Wozu sollte ich mir also die Mühe machen und versuchen, irgendwem meine Version der Geschichte zu erzählen? Mir glaubte ja doch keiner. Zu allem Übel gab es noch einen weiteren wichtigen Grund, mich nicht gegen meine Mutter zu stellen: Sie hatte mich nämlich wieder einmal in der Hand.

Da ich am Ende der Sommerferien eigentlich wieder in die Erziehungsanstalt hätte zurückkehren müssen, hatte meine Mutter mir seitdem mehrmals ein ärztliches Attest besorgt. Über ihre Motive machte ich mir keinerlei Illusionen: Die Kuh, die Milch gab, ließ man natürlich nicht ziehen. Auf diese Weise hatte ich immerhin das, was mir am wichtigsten war: meine Freiheit. Auch wenn ich dafür einen hohen Preis zahlen musste. Denn sobald das Geld knapp wurde, drohte meine Mutter – wie ich schon vermutet hatte –, zur Polizei zu gehen. »Dann musst du zurück in die Anstalt. Und bilde dir bloß nicht ein, dass du noch mal in den Ferien nach Hause darfst!« Ich zweifelte nicht eine Sekunde daran, dass sie ihre Drohung wahrmachen würde. Also musste ich wohl oder übel wieder anschaffen gehen, was ich immer so lange wie möglich hinauszuzögern versuchte. Was für eine Ironie! Nicht etwa Stanislaw, mein Zuhälter, machte mir in dieser Hinsicht Druck, sondern meine eigene Mutter! Eigentlich war sie meine heimliche Zuhälterin, die im Hintergrund die Hand aufhielt.

Bald jedoch verschlechterte sich das Geschäft. Die Konkurrenz war einfach zu groß. Anfang der 1990er-Jahre versuchten in meiner Heimatstadt viele Männer – darunter nicht wenige »ehrenwerte« Familienväter wie Stanislaw –, mit einem Bordellbetrieb Geld zu machen. In der Tageszeitung wimmelte es nur so von Anzeigen diverser »Begleitagenturen«. Es war eine richtige Welle. Doch so viele wohlhabende Freier gab es dann offenbar doch nicht. Immerhin entsprach der Preis damals einem durchschnittlichen Monatslohn. Stanislaws »Begleitagentur« war also immer weniger gefragt. Nach einer Weile klingelte das Telefon höchstens noch ein Mal pro Woche.

»Ich gehe in einen großen Club nach Danzig. Da kann man richtig gut verdienen!«, eröffnete mir meine Kollegin Magdalena eines Tages. Ich horchte auf. Danzig und Warschau waren schon damals Metropolen mit vielen Touristen. Vielleicht gab es da auch für mich eine Möglichkeit, mehr zu verdienen? Sobald ich genug Geld zusammenhätte, um meine Mutter für eine Weile zufriedenzustellen, würde ich wieder nach Hause fahren. »Darf ich mitkommen?«, fragte ich Magdalena. Sie zögerte. »Du bist noch so jung, und Danzig ist ein paar Hundert Kilometer weit entfernt. Da kannst du nicht mal eben kurz nach Hause«, wandte sie ein. »Das ist schon okay. Ich stehe schon lange auf eigenen Füßen«, erwiderte ich. Sie warf mir einen prüfenden Blick zu, dann zuckte sie mit den Schultern. »Wie du meinst. Dann komm mit.«

Als wir in Danzig eintrafen, war ich geradezu überwältigt von dem Treiben in der Großstadt. Auf den Straßen wimmelte es nur so von Menschen, ein Geschäft reihte sich ans nächste und an den Ampeln standen lange Autoschlangen. Da der Besitzer des Clubs uns bereits erwartete, machten wir uns direkt auf den Weg dorthin. Von außen wirkte der Club mit seinem großen Neonschild wie eine trendige Disco. Nichts deutete auf ein Bordell hin. Wir öffneten die Tür und betraten einen leeren, schummrigen Raum. Nachmittags waren hier keine Gäste. Ich sah mich neugierig um. Alles wirkte sehr edel: schicke Lampen, eine Bar aus Marmor und eine große Tanzfläche, über der eine glitzernde Discokugel schwebte. Am anderen Ende des Raumes führte eine Treppe nach oben. »Was wollt ihr hier?«, herrschte uns eine tiefe Stimme wie aus dem Nichts an, bevor ich einen hünenhaften Kerl erblickte. »Wir suchen den Besitzer«, antwortete Magdalena. »Ach, ihr seid das. Setzt euch hierhin«, brummte der Riese und verschwand wieder. Kurz darauf tauchte ein unscheinbares, glatzköpfiges Männchen auf, das sich als der Chef des Ladens vorstellte. Sein Name war Mateusz. Ich war verblüfft. So hatte ich mir einen Zuhälter nun wirklich nicht vorgestellt. Doch schon bald merkte ich, dass Mateusz genügend Männer fürs Grobe hatte. Er selbst benötigte keine Muskeln, nur Köpfchen. Nachdem wir ein wenig Smalltalk betrieben hatten, zeigte er auf einmal mit dem Finger auf mich und sagte kurz angebunden: »Du kannst bleiben! Deine Freundin nicht.« Magdalena zuckte – ganz Profi – nur lässig mit den Achseln, während ich Mateusz zu erklären versuchte, dass wir zusammenbleiben wollten. »Entweder du allein oder keine!«, fiel er mir einfach ins Wort, drehte sich um und verschwand. »Dann eben nicht«, dachte ich trotzig. »Komm, wir gehen!«, forderte ich Magdalena auf. »Nein, du bleibst hier und nutzt deine Chance. Ich finde schon irgendwo was anderes«, entgegnete sie. »Aber ich kenne hier doch niemanden!«, rief ich erschrocken. »Mit deiner großen Klappe kommst du schon zurecht«, sagte Magdalena mit einem verschmitzten Grinsen. Ich grinste zurück, auch wenn mir ganz und gar nicht nach Grinsen war. »Du hast es so gewollt, Jana. Jetzt bist du auf dich allein gestellt«, sagte ich mir, nachdem Magdalena sich verabschiedet hatte. Noch nie zuvor war ich so weit von zu Hause entfernt gewesen. Noch dazu in einem Bordell! Selbst die Erziehungsanstalt lag näher an meiner Heimatstadt. In meinem Bauch machte sich ein mulmiges Gefühl breit, aber ich setzte mein Pokerface auf und ließ mir nichts anmerken.

Nach einer Weile kam ein anderer Hüne herbei und forderte mich auf, ihm die Treppe hinauf zu folgen. Oben angekommen, erblickte ich eine kleine Bar sowie einen langen Gang mit vielen Türen. »Komm, ich zeige dir deinen neuen Arbeitsplatz«, sagte der Typ. »Unten ist die Disco, hier oben das Bordell, wo ihr wohnt und arbeitet.« Wir kamen an einem kleinen Raum vorbei, dessen Wände komplett verspiegelt waren. Darin befanden sich eine Couch und ein Tisch sowie eine kleine Bühne mit einer Stange, die bis zur Decke reichte. »Was ist denn das für eine Stange?«, fragte ich. »Das ist unser Empfangsraum. Die Stange ist für Poledance. Das machen aber nur wenige Mädchen, weil man damit nicht so viel verdient.« Poledance? Ich hatte keine Ahnung, was das war. Aber vor dem coolen Muskelprotz wollte ich mir keine Blöße geben und beschloss, später eine der Prostituierten danach zu fragen. Wir gingen weiter, und der Mann öffnete die Tür zu einem Zimmer, in dem ein großes Bett stand, das mit einer edel aussehenden roten Bettwäsche bezogen war. Auf dem Nachttisch daneben lagen verschiedene Kondome. Außerdem stand noch ein kleiner Schrank darin. »Hier wirst du arbeiten. Tagsüber wohnst du auch hier. Die Miete dafür wird dir am Ende des Monats vom Lohn abgezogen. Wenn du tagsüber Hunger hast, kannst du dir telefonisch was bei unserem Koch bestellen. Das geht natürlich auf deine Rechnung. Bis 18.00 Uhr kannst du dich ausruhen, dann beginnt die Arbeit.« Aus den vielen anderen Zimmern, die links und rechts von dem langen Flur abgingen, war kein Laut zu hören. »Wo sind denn die anderen Frauen?«, wollte ich wissen. »Die schlafen noch. Hatten schließlich eine harte Nacht«, antworte der Muskelmann mit einem dreckigen Lachen und marschierte davon.

Als die Tür hinter ihm ins Schloss fiel, ließ ich mich aufs Bett fallen. Ich war furchtbar müde und zugleich höchst angespannt. Ununterbrochen kreisten meine Gedanken darum, was mich hier wohl erwartete. Würden mich die anderen Prostituierten gut aufnehmen? Welche Regeln gab es hier im Umgang mit den Freiern? Und würde ich weiterhin selbst bestimmen können, wie viel ich pro Nacht »arbeitete«? Unruhig stand ich auf und ging im Zimmer umher. Außerdem quälte mich der Hunger, hatte ich doch den ganzen Tag lang noch nichts gegessen. Also griff ich schließlich zum Telefon und bestellte mir aus der Küche »Ente mit Apfel und Salzkartoffeln«. Noch nie in meinem Leben hatte ich Ente gegessen. Der Preis war zwar verdammt hoch, aber das war mir in dem Moment egal. Die ganzen Jahre über hatte ich mich mit spärlichen, oft geklauten kalten Mahlzeiten begnügen müssen, sodass ich mir wenigstens dieses eine Mal etwas so köstlich Klingendes gönnen wollte. Ich wurde nicht enttäuscht: Schon beim bloßen Anblick des Gerichts lief mir das Wasser im Mund zusammen. Und dann erst die Ente! Das mit Soße und Apfelstücken bedeckte Fleisch war wunderbar zart. Für eine kleine Weile gelang es mir tatsächlich, alle Gedanken an meine Arbeit im Bordell auszublenden.

Um Punkt 18.00 Uhr klopfte es an meiner Tür. Eine schlanke, topgestylte Frau trat ein und lächelte mich an. »Hallo, ich bin Marlen. Eigentlich heiße ich Monika, aber wir benutzen hier alle ein Pseudonym. Wie lautet deins?« Ich war selbst überrascht, als ich mich sagen hörte: »Patricia.« Dieser Name hatte mir schon immer gut gefallen. »Jetzt mach dich für die Arbeit fertig! Ich stelle dich dann den anderen Mädels vor.« Da ich nichts anderes besaß, griff ich wieder zu dem schwarzen Minikleid mit den Stöckelschuhen. Marlens Outfit sah um Klassen teurer und eleganter aus. Ich folgte ihr zur Bar, wo die übrigen Frauen mich freundlich begrüßten. Nach ein paar Minuten Smalltalk tauchte Mateusz auf. »Ich muss dir noch ein paar Sachen erklären«, sagte er. »Zunächst zur Bezahlung: Deine Freier bezahlen deine Dienste im Voraus bei der Bardame, die alles notiert. Getränke, die du für dich selbst an der Bar bestellst, musst du auch selbst bezahlen. Lass dich also möglichst von deinen Freiern einladen. Wie die Miete werden dir auch alle anderen Kosten am Ende des Monats vom Lohn abgezogen. Den Rest zahle ich dir aus.« Das gefiel mir gar nicht. Viel lieber hätte ich mein Geld wie zuvor in der »Begleitagentur« sofort auf die Hand bekommen. Doch ich hatte schon gemerkt, dass man Mateusz besser nicht widersprach. Auf keinen Fall wollte ich gleich zu Beginn Ärger kriegen. »Jetzt zu deinem Outfit«, fuhr Mateusz fort. »So kannst du hier nicht arbeiten! Das Kleid ist ja das reinste Trauerspiel! Die Schuhe machen deine Beine zu dick. Die müssen viel höher sein. Und deine kurzen Haare gehen gar nicht! Unsere Kunden wollen Frauen mit langem Haar.« Ich warf einen verstohlenen Blick auf die anderen. Tatsächlich hatten alle meine Kolleginnen lange Haare. »Morgen fährst du mit Marlen einkaufen!«, ordnete Mateusz an. »Aber ich habe kein Geld«, warf ich kleinlaut ein. »Dann strecke ich es dir vor und ziehe es am Monatsende ebenfalls von deinem Lohn ab«, erwiderte

Mateusz. »Und bring mir deinen Ausweis!« Ich erschrak. Damit hatte ich nicht gerechnet. Stanislaw hatte mich nie danach gefragt. »Ich habe keinen Ausweis«, sagte ich leise. Das schien Mateusz nicht sonderlich zu überraschen. Wahrscheinlich hatte er sowieso bereits angenommen, dass ich noch minderjährig war. Was ihm offensichtlich keine Gewissensbisse bereitete. »Okay, dann bleib hier oben und lass dich bloß nicht unten in der Disco blicken!« Damit war die Angelegenheit für ihn erledigt.

Am nächsten Mittag stiegen Marlen und ich in ein Taxi, das uns zu einem riesigen Einkaufscenter brachte. Noch nie in meinem Leben hatte ich so viele Boutiquen nebeneinander gesehen. Und wie viele herrliche Sachen es zu kaufen gab! Ich kam aus dem Staunen nicht mehr heraus. Verzückt schlenderte ich von einem Schaufenster zum anderen und versuchte, den Anlass des Einkaufs zu verdrängen. Für kurze Zeit fühlte ich mich tatsächlich so unbeschwert wie ein ganz normaler Teenager, der nach der Schule mit seinen Freundinnen zum Shoppen geht. Ich probierte ein Kleidungsstück nach dem anderen an und verfiel in einen regelrechten Kaufrausch. Zum ersten Mal in meinem Leben konnte ich haben, was ich wollte, ohne es stehlen zu müssen. Dass mein Lohn am Ende des Monats umso geringer ausfallen würde, war mir in diesem Moment egal – ich hätte noch stundenlang durch dieses Wunderland schweben können, bis Marlen mich auf den Boden der Tatsachen zurückholte. »Du brauchst noch Sachen für die Arbeit und eine Perücke«, erinnerte sie mich. Schlagartig verschwand das wunderbare Gefühl der Unbeschwertheit. Ich nickte und fing an, nach »Arbeitskleidung« Ausschau zu halten. Ohne groß darüber nachzudenken, fiel meine Wahl auf eine schwarze Perücke, deren langes Haar mir bis zum Po reichte. Außerdem kaufte ich mir – wie Mateusz es wollte – ein Paar geradezu schwindelerregend hohe Pumps, mehrere eng anliegende, elegante schwarze Kleider und schwarze Hotpants. »Willst du dir nicht auch irgendwas Farbiges kaufen?«, erkundigte sich Marlen verwundert. Ich verneinte, ohne ihr eine Erklärung zu geben. Schwarz war ja nicht einmal meine Lieblingsfarbe, aber sie spiegelte den Zustand meiner Seele am besten wider. Auch Mateusz war von meiner »Trauerkleidung« nicht sonderlich angetan, ließ mich aber gewähren.

Ebenso wie in der »Begleitagentur« bezahlten die Freier auch im Bordell für puren Sex. Sie durften allenfalls unsere Brüste anfassen, um in Stimmung zu kommen. Zärtlichkeiten waren ausgeschlossen. Das galt vor allem für Küsse auf den Mund. Schließlich schaffte keine von uns zum Vergnügen an. Die meisten arbeiteten schon seit vielen Jahren als Prostituierte und waren absolute Profis. Der Freier war ein Kunde, mit dem man ein Geschäft abwickelte: Geld gegen Sex. Gefühle hatten dabei nichts zu suchen. Vor allem war meinen Kolleginnen wichtig, dass die Freier ein Kondom benutzten. Sex »ohne Gummi« war absolut tabu. Darauf bestanden sie eisern und gingen auch ebenso eisern gegen Verstöße vor. Manche Freier waren nämlich durchaus bereit, dafür deutlich mehr zu zahlen, doch wenn die Frauen erfuhren, dass eine von ihnen es gegen einen ordentlichen Aufpreis »ohne« gemacht hatte, bekam die Betreffende ziemlichen Ärger. Manchmal gab es sogar Prügel. Angesichts von Aids und anderen gefährlichen Geschlechtskrankheiten sah ich das genauso und beschloss, niemals ungeschützten Sex zu haben. Neben dem Schutz meiner Gesundheit gab es für mich noch einen anderen Grund: In meiner Vorstellung schuf das Kondom irgendwie eine Distanz zwischen meinem Körper und dem des Freiers. Genauso wie es ein Unterschied ist, ob man jemandem mit einem Handschuh oder mit bloßen Fingern die Hand reicht. Auf diese Weise hatte ich das Gefühl, Abstand wahren zu können – wenn auch nur einen winzigen –, und damit ein Stückchen meiner Intimität.

Nachdem ich eine meiner Kolleginnen beim Poledance beobachtet hatte, bat ich sie, mir ein paar ihrer erotischen Bewegungen beizubringen. Obwohl ich wusste, dass man fürs Tanzen und Strippen nur hin und wieder einen Schein zugesteckt bekam, ließ ich mich von da an so oft wie möglich für diese Tätigkeit buchen. Für mich war es jedes Mal wie eine kleine Auszeit vom Anschaffen, auch wenn es nur für eine Nacht war.

Eines Abends wurde ich zusammen mit ein paar Kolleginnen von einer Gruppe junger Männer gebucht. Schon bald herrschte richtige Partystimmung. Während ich tanzte, verschwanden nach und nach die meisten Frauen mit ihren Freiern in Richtung Flur, bis nur noch ein paar Männer übrig waren, die sich noch nicht entschieden hatten. Nach meinem Tanz versuchte ich, ihnen unseren teuren Sekt schmackhaft zu machen, denn je mehr sie tranken, desto höher fiel meine Provision aus. Es war schon weit nach Mitternacht, als mich Marlen plötzlich in ihr Zimmer rief. Zu meiner Überraschung befanden sich dort bereits sämtliche Kolleginnen mit ihren Freiern halb ausgezogen auf dem Bett oder auf dem weichen Teppichboden inmitten unzähliger Flaschen. Auf einem kleinen Tisch entdeckte ich ein Häufchen weißen Pulvers. »Los, zieh dir eine Line!«, forderte Marlen mich auf und drückte mir einen zusammengerollten Geldschein in die Hand. Ich blickte sie verdutzt an. Ich hatte nicht die geringste Ahnung, was sie meinte. Marlens Augen weiteten sich. »Sag bloß, dass du noch nie gekokst hast?«, fragte sie ungläubig. »Nein«, antwortete ich schüchtern. Zu Hause kannte ich zwar Leute, die im Wald irgendwelche Blütensamen sammelten, aufkochten und sich spritzten, aber Kokain hatte ich noch nie zu Gesicht bekommen. Ich wusste nur, dass es sehr teuer war, eine echte Luxusdroge. Marlen formte aus dem Pulver eine dünne Linie und erklärte mir, was ich tun sollte. Also beugte ich mich über den Tisch, steckte mir den zusammengerollten Geldschein in das rechte Nasenloch, fuhr damit über das Kokain hinweg und sog es ein. Die Wirkung ließ nicht lange auf sich warten. Mit einem Mal war meine niedergeschlagene Stimmung wie weggeblasen. Ich fühlte mich beschwingt, locker, voller Energie. In bester Partylaune fing ich an, mit den anderen herumzualbern und jede Menge Alkohol in mich hineinzuschütten. Dass Alkohol die Wirkung des Kokains noch verstärkte, wusste ich zu diesem Zeitpunkt noch nicht. Ich war hellwach und fühlte mich zugleich wie im Traum. So gut drauf war ich schon lange nicht mehr gewesen! Bis mit einem Schlag alle Lichter ausgingen und ich das Bewusstsein verlor. Kompletter Blackout. Als ich langsam wieder zu mir kam, spürte ich, wie sich jemand an mich heranmachte – eine meiner Kolleginnen, deren lesbische Neigungen ein offenes Geheimnis waren. Unwillig wehrte ich sie ab. Dann blickte ich mich im Zimmer um und blinzelte überrascht: Die Kokain-Party hatte sich mittlerweile in eine Gruppensex-Nummer verwandelt! Ich war umgeben von nackten, zuckenden, stöhnenden Fleischhaufen, kreuz und quer lagen die Frauen und ihre Freier übereinander. »Nichts wie raus hier«, dachte ich angewidert, obwohl ich selbst immer noch benommen war. Schwankend verließ ich das Zimmer.

Leider sollte dies nicht mein einziger Kontakt mit Kokain bleiben. Schon bald griff ich wieder zu der Droge; der Rausch machte mein schreckliches Dasein wenigstens für kurze Zeit erträglicher. Tag für Tag lebte ich in dem Bewusstsein, einen Albtraum durchzumachen. Aber ich sah keine andere Möglichkeit, als durchzuhalten, nicht aufzugeben, bis ich aus diesem Albtraum erwachen würde. Und *dass* ich eines Tages erwachen würde, war der Strohhalm, an den ich mich klammerte.

Unsere »Arbeitsnächte« endeten nie vor fünf Uhr morgens, sodass wir erst am frühen Nachmittag aufstanden. Und selbst dann hatte ich noch eine ganze Weile mit den Nachwirkungen von Drogen und Alkohol zu kämpfen. Manchmal setzte ich mich allein an die verrauchte Bar, um nicht den ganzen Tag in meinem Zimmer verbringen zu müssen. In jenen stillen Momenten überkam mich hin und wieder eine so tiefe Verzweiflung, dass ich am liebsten sofort meine Reisetasche gepackt hätte und abgehauen wäre. Für meine Kolleginnen dagegen war dieses Leben längst zur Normalität geworden. Nach dem Aufstehen lackierten sie sich die Nägel, gingen zum Friseur oder zur Kosmetikerin. Aber solchen »Luxus« verkniff ich mir, denn ich wollte nur eines: so schnell wie möglich genug Geld zusammenhaben, um wieder nach Hause fahren zu können. Deshalb verbrachte ich meist Tag und Nacht im Bordell. Und so habe ich nicht einmal das Meer in Danzig gesehen …

Obwohl ich mit den Frauen gut auskam, schloss ich mit keiner von ihnen Freundschaft. Unser Kontakt beschränkte sich auf ein wenig Smalltalk. Allerdings waren auch die anderen Prostituierten nicht miteinander befreundet, obwohl sie sich teilweise bereits seit Jahren kannten. Freundschaft, Vertrauen oder gar Nähe – das gab es in diesem Bordell nicht. Dafür war die Konkurrenz unter den Frauen viel zu groß. Durch und durch Profis gingen sie nicht nur routiniert ihrem Geschäft nach, sondern kämpften dabei auch um jeden Zloty. Manche der Frauen verwendeten sogar zwei Tampons auf einmal, um während ihrer Periode weitermachen zu können. Andere arbeiteten sich so sehr auf, dass sie ihre wunden Hautstellen sogar vom Arzt behandeln lassen mussten. Es war ein unglaublich hartes Geschäft, das auch die Frauen selbst hart werden ließ – gegen sich ebenso wie gegen andere.

Nach etwa zwei Monaten hatte ich genug Geld zusammen, um meine Mutter wieder für eine Weile befriedigen zu können. Mateusz ließ mich ohne Weiteres ziehen. Offenbar hatte er keine Schwierigkeiten, eine Nachfolgerin für mich zu finden. Ich packte meine Reisetasche, kaufte mir ein Ticket und stieg in den Zug. Zur Tarnung trug ich meine schwarze Langhaarperücke. Ich nahm an, dass meine Mutter der Erziehungsanstalt inzwischen keine ärztlichen Atteste mehr schickte, sodass ich wahrscheinlich von der Polizei gesucht wurde. Außerdem lag noch eine Anzeige wegen Raub mit Körperverletzung gegen mich vor, welche die Richterin bei meiner Einweisung in die Erziehungsanstalt zurückgestellt hatte. Nachdem ich aber von dort abgehauen war, fahndete die Polizei vermutlich nun auch deswegen nach mir. Ich musste also auf der Hut sein. Dennoch hüpfte mein Herz vor Freude, als der Zug nach etlichen Stunden endlich in den Bahnhof meiner Heimatstadt einfuhr. Ich nahm den kürzesten Weg nach Hause. Als ich die Wohnung betrat, begrüßte mich meine Mutter mit den Worten: »Wo hast du dich so lange herumgetrieben? Die Polizei sucht nach dir. Ich musste immer wieder neue Geschichten erfinden.« Ich konnte mir kaum vorstellen, dass es sie wirklich interessierte, wo ich mich herumgetrieben hatte. Also hielt ich ihr einfach wortlos das Geld hin. Eine beträchtliche Summe. Sogleich bekamen ihre Augen wieder diesen gierigen Glanz. Einen Moment später waren die Scheine auch schon in ihrer Hosentasche verschwunden. An diesem Abend bekam ich sogar etwas von dem Essen ab, das sie für meinen Stiefvater, meine Stiefschwester und sich gekocht hatte. Natürlich musste ich es allein in meinem Zimmer einnehmen, aber es war dennoch ein gutes Gefühl, wieder zu Hause zu sein – in Omas alter Wohnung. Trotz all der schrecklichen Erlebnisse verband ich mit diesem Ort auch die Erinnerung an die schönsten Momente meines Lebens: die Zeit mit meiner Großmutter. Wenn ich die Augen schloss und an sie dachte, konnte ich sie vor mir sehen, wie sie zufrieden in ihrem Lieblingssessel saß und las. Ich konnte den wunderbaren Duft ihrer frisch gebackenen Heidelbeerplunder riechen. Und manchmal kam es mir sogar so vor, als hörte ich ihre warme, liebevolle Stimme meinen Namen rufen. Gerade jetzt in dieser schrecklichen Phase meines Lebens gab mir diese Erinnerung die Kraft, nicht aufzugeben, sondern weiter auf bessere Zeiten zu hoffen.

7. KAPITEL

Aufgeputscht – Am Rande des Abgrunds

In den nächsten Tagen nach meiner Ankunft ließ meine Mutter mich in Ruhe. Aber mir war klar, dass es mir wie dem Goldesel im Märchen nur so lange gut ging, wie ich neue Dukaten ausspuckte. Ansonsten erwartete mich die Hölle – oder die Polizei, an die sie mich, ohne mit der Wimper zu zucken, verraten würde. Ich musste also etwas unternehmen, bevor sie mich auf ihre Abschussliste setzte. Ich musste so schnell wie möglich eine neue Arbeit finden. Doch wo sollte ich in Zukunft Geld verdienen?

Da fiel mir Magdalena wieder ein. »Vielleicht hat sie einen Tipp«, ging es mir durch den Kopf. In der Hoffnung, sie dort anzutreffen, machte ich mich auf den Weg zu Stanislaw, meinem alten Zuhälter. Zu meiner Überraschung fand ich ihn und seine Freundin allein in der großen Wohnung vor. »Wie laufen die Geschäfte denn so?«, erkundigte ich mich. »Ich mache keine Geschäfte mehr«, erwiderte er mürrisch. Ich blickte ihn fragend an, aber er schwieg beharrlich und so schaltete sich seine Freundin in das Gespräch ein: »Eines Tages standen ein paar Typen vor der Tür. Allerdings nicht lange, denn die haben sich nicht mal die Mühe gemacht zu klingeln, sondern die Tür gleich eingetreten. Haben ein paar der Mädchen mitgenommen und gedroht, wiederzukommen, falls wir den Laden nicht dichtmachen.« »Und wer waren diese Typen?«, wollte ich wissen. »Keine Ahnung, ich kannte sie nicht. Aber solche Typen will ich auch gar nicht kennen!« »Ist Magdalena bei denen?«, hakte ich nach. Stanislaws Freundin zuckte nur ahnungslos mit den Achseln. »Weiß ich nicht. Aber sie haben uns eine Telefonnummer dagelassen. Da kannst du dich ja erkundigen.«

Noch am selben Abend griff ich zum Telefon. »Hallo«, meldete sich eine junge Frauenstimme am anderen Ende der Leitung. Ich vermied es, direkt nach Magdalena zu fragen. Inzwischen hatte ich genug Erfahrung gesammelt, um zu wissen, dass man in diesem Milieu sehr vorsichtig sein musste, um kein unnötiges Risiko einzugehen. »Habt ihr noch Bedarf?«, erkundigte ich mich stattdessen. »Klar! Komm einfach vorbei«, antwortete die Frau und nannte mir die Adresse.

»Wozu noch warten?«, dachte ich mir und machte mich gleich am nächsten Tag auf den Weg. Zu meiner Überraschung landete ich in einer ruhigen Wohngegend, an die sogar eine Schrebergartenkolonie angrenzte. Ich konnte es kaum fassen, als ich vor einem hübschen, tipptopp gepflegten Einfamilienhaus mit Garten stand. Und hinter dieser Fassade sollte sich ein Puff verbergen? Darauf wäre ich nie im Leben gekommen. Vorsichtig drückte ich den Klingelknopf. Ein junger Mann öffnete die Tür. »Ich habe bereits angerufen«, sagte ich, woraufhin er mich hereinbat und ins Wohnzimmer führte. In dem großen Raum, der wahrscheinlich dem Empfang der Freier diente, standen eine Ledercouch, mehrere Sessel und ein Tisch. Die Fenster waren mit Rollos verdunkelt. Als ich mich umblickte, entdeckte ich eine Wendeltreppe, die in die obere Etage führte, von wo aus mehrere Türen abgingen. »Bestimmt die Zimmer der Frauen«, überlegte ich gerade, als ich Schritte hörte und daraufhin den Kopf umwandte. Zwei Frauen, etwa Mitte 30, kamen herein »Hallo, ich bin Ola«, stellte die eine sich vor. »Und ich Dorota«, sagte die andere. Ola hatte langes schwarzes Haar, während Dorota einen blonden Kurzhaarschnitt trug. »Wir sind für's Geschäft zuständig«, fuhr Ola fort. »Suchst du was Neues?« Ich nickte. »Gut! Dann kannst du sofort anfangen«, sagte Ola prompt, ohne weitere Fragen zu stellen. Weder nach meinem Ausweis noch nach meinem Alter. Am selben Abend begann ich mit der Arbeit.

Es war ein Montag. Von den anderen Prostituierten – Magdalena war leider nicht darunter – erfuhr ich, dass nach einem arbeitsreichen Wochenende montags fast immer tote Hose herrschte. So auch an jenem Abend. Als wir eine Weile gewartet hatten, ohne dass auch nur ein Freier aufgetaucht war, fingen die Frauen an, eine Party vorzubereiten. Sie drehten die Musik auf und stellten Alkohol auf den Tisch. Inmitten der Vorbereitungen tauchten die beiden Zuhälter Karol und Marcin auf, die das Bordell zusammen mit Ola und Dorota führten. Sie hatten ein paar junge Männer vom Typ Aufpasser dabei. Schon bald war die Party in vollem Gange. Karol ließ Kokain auf den Tisch rieseln, und alle bedienten sich. »Eine ziemlich lockere Atmosphäre hier«, wunderte ich mich, denn dass Zuhälter und Prostituierte zusammen feierten, hatte ich bisher noch nie erlebt.

Mit meinen Kolleginnen kam ich auf Anhieb gut klar. Im Unterschied zur »Begleitagentur« und dem Bordell in Danzig war ich hier nicht die Jüngste. Sechs Prostituierte waren zwischen 20 und Mitte 30, die zwei anderen ebenso wie ich 16 Jahre alt. Eine von ihnen hieß Katrin. Katrin war ein richtiger

Sonnenschein und wirkte noch sehr kindlich, fröhlich und unbeschwert mit dem hellen, kichernden Lachen eines Schulmädchens. Schon bald waren wir gute Freundinnen.

Ola und Dorota erwiesen sich als sehr umgängliche Zuhälterinnen. Wahrscheinlich waren sie früher selbst Prostituierte gewesen, bevor sie sich mit ihren Ersparnissen selbstständig gemacht hatten. Ola kleidete sich immer noch derart aufreizend, dass manche Freier sie sogar buchen wollten. Dorota hingegen sah man ihre Vergangenheit nicht an. Ihre unauffällige Kleidung, das dezente Make-up und die stets exakt sitzende Kurzhaarfrisur machten einen seriösen Eindruck. Tatsächlich erfuhr ich, dass sie ein Doppelleben führte und gleichzeitig eine »normale Hausfrau« mit Mann und Kindern war. Karol und Marcin, die beiden männlichen Zuhälter, waren da schon ein ganz anderes Kaliber. Beide waren mehrfach vorbestraft. Vor allem von Karol ging eine Eiseskälte aus, die mir vom ersten Tag an Angst einflößte. Stets in Leder gekleidet und mit einer goldenen Rolex am Handgelenk wurde er zwar nie aggressiv oder ausfallend, aber ich hegte nicht den geringsten Zweifel, dass Karol gefährlich war. Ich hatte das Gefühl, bei ihm ganz besonders vorsichtig sein zu müssen, wenn mir mein Leben lieb war.

Wie schon in Danzig galt auch hier die Regel, dass Freier und Prostituierte sich gegenseitig auswählten. Wenn mir ein Kunde nicht zusagte, konnte ich nicht Nein sagen, aber mich so verhalten, dass ihm die Lust auf mich verging. Dabei war mir manchmal sogar meine kriminelle Vergangenheit nützlich, denn ich spielte ganz so wie früher auf dem Revier die freche Göre mit der großen Klappe. Meist jedoch genügte schon die Anrede »Hey, Alter«, um den Kunden sofort abzutörnen. Mit der Zeit bekam ich ein untrügliches Gespür dafür, mit welchem Typ Freier ich es gerade zu tun hatte. Der mit Abstand angenehmste war für mich derjenige, der mich nicht für Sex, sondern fürs Reden bezahlte. Dabei handelte es sich oft um Geschäftsleute in führenden Positionen. Während sie im Berufsleben Stärke zeigen und Spitzenleistungen bringen mussten, konnten sie bei mir alle Masken fallen lassen und der Mann sein, der sie hinter der Superman-Fassade wirklich waren. Meist erzählten sie dann mit erstaunlicher Offenheit von ihren Ängsten und Sorgen, von permanentem Erfolgsdruck, stetig steigender Arbeitsbelastung oder intriganten Kollegen. Einige beklagten sich auch über den luxuriösen Lebensstil ihrer Ehefrauen, die ständig mehr Geld von ihnen verlangten. Währenddessen hörte ich einfach nur zu und lächelte verständnisvoll. Manchmal taten sie mir sogar leid, wenn ihre Fassade mehr und mehr bröckelte und sie schließlich wie kleine Jungs weinend auf meinem Bett saßen.

Natürlich gab es auch den Typ Freier, der mit mir seine unerfüllten erotischen Träume ausleben wollte, die er sich gegenüber seiner Ehefrau nicht auszusprechen traute, um nicht als pervers zu gelten. Manche Männer hatten nach vielen Jahren Ehe auch einfach keine Lust mehr auf ihre Frau, weil diese mit 50 nicht mehr so aussah wie mit 20. Von diesen Typen musste ich mir tatsächlich so saudumme Sätze anhören wie: »Ich kann das Gesicht meiner Alten einfach nicht mehr ertragen«, woraufhin ich ihnen am liebsten entgegengeschleudert hätte: »Hast du mal selbst in den Spiegel geschaut?« An ihren Frauen störten sie die Falten und die grauen Haare, doch ihre eigenen Alterserscheinungen sahen sie offenbar als Zeichen »reifer Männlichkeit« an.

Der schlimmste Typ Freier war für mich jedoch derjenige, der im Bordell ganz gezielt nach jungen Mädchen suchte. Wenn ich bemerkte, dass einer meine erwachsenen Kolleginnen keines Blickes würdigte, läuteten bei mir sofort alle Alarmglocken. Aus Erzählungen wusste ich bereits, wie pervers diese Kerle zumeist waren. Sie wollten ihre Macht demonstrieren, den Pascha spielen und wurden dabei nicht selten aggressiv. Eine erfahrene Prostituierte hätte einen solchen Freier bei der geringsten Entgleisung in die Schranken gewiesen, also wollten diese Typen ihre Fantasien natürlich lieber bei uns Mädchen ausleben. Jung, unerfahren und voller Respekt vor den älteren Erwachsenen trauten sich die meisten Mädchen nicht zu widersprechen. Wenn ich allerdings beim Anblick eines »verdächtigen« Freiers meine Alarmglocken schrillen hörte, kehrte ich sofort die freche Göre heraus.

Der Typ Freier, dessen Anblick mich anfangs fast umgehauen hätte, war allerdings ein ganz anderer. Es kamen nämlich auch Priester zu uns ins Bordell! Natürlich erschienen sie in Zivil, aber eine so in der Öffentlichkeit stehende Person erkannte man auch ohne liturgisches Gewand. Ich fand es schrecklich scheinheilig, den Menschen in der Messe »Du sollst nicht lügen« zu predigen und sich dann ins Bordell zu schleichen, um heimlich sein sexuelles Verlangen zu stillen. Aber sie waren ja nicht die Einzigen, die ihre Bordellbesuche geheim hielten. Welcher Ehemann, fürsorgliche Familienvater oder respektable Geschäftsmann wollte schon seinen Ruf aufs Spiel setzen? Überhaupt hat mir die Zeit im Bordell vor Augen geführt, wie groß die Kluft zwischen Sein und Schein doch ist, wie viele Männer zwei Gesichter haben. Die Erfahrungen, die ich als jugendliche Prostituierte gemacht habe, haben mein – nach den Erlebnissen mit meinem Vater und meinem Stiefvater – sowieso schon negatives Urteil über Männer natürlich noch verstärkt. »Männer lügen und betrügen« – so lautete lange Zeit meine Überzeugung.

Besonders beliebt – zumindest rein finanziell betrachtet – war der Typ Freier, der mit Dollars bezahlte. Dabei handelte es sich meist um ganze Gruppen ausländischer Geschäftsleute, die sich weit weg von Frau und Kindern einen »vergnüglichen Abend« im Puff gönnten.

Der häufigste Wunsch unserer Kunden war ein »Dreier«, also Sex mit zwei Prostituierten gleichzeitig. Ein gutes Geschäft für uns, bedeutete es doch doppelte Bezahlung bei halber Arbeit. Da Katrin und ich ein besonders enges Vertrauensverhältnis hatten, gingen wir manchmal gemeinsam auf solche Anfragen ein. Wenn es dann zur Sache kam, übernahm Katrin meistens den aktiveren Part, ohne dass wir zuvor darüber gesprochen hätten. Doch damit erwies sie mir einen großen Gefallen, denn solange der Freier mit ihr beschäftigt war, konnte ich mich zurückhalten. Trotz oder vielleicht sogar gerade wegen ihrer unbeschwerten, kindlichen Art steckte sie das alles viel besser weg als ich. Ihre gute Laune wirkte immer absolut echt, während ich mich unglaublich anstrengen musste, damit sich mein aufgesetztes Lächeln zu keiner Grimasse verzerrte. Katrin war ein robustes kleines Kraftpaket, das nichts und niemand erniedrigen konnte. Sie war sogar dazu imstande, sofort nach einem Akt wieder Witze zu reißen, während ich mich ein ums andere Mal fragte, wie lange ich dieses Leben noch aushalten würde.

Hin und wieder gelang es uns auch, einen Freier hinters Licht zu führen, indem wir zunächst eine halbe Stunde mit ihm badeten, dann noch eine viertelstündige Massage folgen ließen – und schon waren seine 45 Minuten vorbei. Manche Freier waren einfach nur verblüfft, zogen sich kleinlaut an und schoben ab. Andere verlangten verärgert ihr Geld zurück. Doch das gab es nicht. In diesem Punkt standen unsere Zuhälter hundertprozentig hinter uns. Und wenn ein Freier Ärger machte, bekam er von einem der Aufpasser eins aufs Maul und wurde mit einem Tritt vor die Tür befördert.

Ebenso wie in den beiden anderen Bordellen musste ich auch hier die Hälfte meines Verdienstes an die Zuhälter abgeben. Von dem Geld, das mir blieb, wanderte der größte Teil nach wie vor in den Schoß meiner Mutter. Sie hatte meine Telefonnummer, und wenn es nicht regelmäßig alle zwei Wochen Nachschub gab, hing sie auch schon in der Leitung. Das Gespräch lief immer nach dem gleichen Muster ab: »Wann gibt's Kohle?«, schnauzte sie mich ohne Begrüßung an. Dann folgte die unmissverständliche Drohung: »Du weißt ja, wenn das Geld ausbleibt, erfährt die Polizei, wo du bist.« Das war's. Ende der Durchsage. Nicht ein einziges Mal erkundigte sie sich, wie es mir ginge oder wann ich wieder einmal bei ihr vorbeischauen würde. Da ich ja wusste, dass sie darauf nicht den geringsten Wert legte, ließ ich ihr das Geld per Taxi-Kurier zukommen, der ansonsten für das Bordell Kunden beförderte.

Eines Tages fragte mich eine meiner Kolleginnen vor versammelter Runde: »Sag mal, Jana, was machst du eigentlich mit deinem Geld? Du trägst immer die gleichen Klamotten, gehst nie zum Friseur oder zur Kosmetikerin ...« »Ich spare«, log ich. Mir war diese Frage furchtbar peinlich. Aber das Geheimnis meiner erpresserischen Mutter preiszugeben, wäre mir noch viel peinlicher gewesen.

Die Monate vergingen, während wir Nacht für Nacht den gleichen Akt dieses schier endlosen Trauerspiels aufführten: aufreizendes Minikleid überstreifen, Lächeln anknipsen, Freier empfangen, ein wenig Smalltalk machen, aufs Zimmer gehen und ins Geschäft kommen. War der eine Freier gegangen, fing das Ganze wieder von vorn an – anziehen, Make-up und Frisur überprüfen, den nächsten Kunden antörnen ... Um diesen trostlosen Kreislauf irgendwie ertragen zu können, flüchtete ich mich mehr und mehr in Alkohol und Drogen. Neben Kokain nahm ich inzwischen auch Amphetamine, die mich derart aufputschten, dass ich oft selbst dann nicht mehr zur Ruhe kommen konnte, wenn mein Körper schon längst ausgepowert war. Ich befand mich in einem ständigen Kampf zwischen höchster Aktivität und totaler Erschöpfung. Ein Kampf, der enorm an meinen Kräften zehrte. Mit der Zeit bekam ich immer häufiger gesundheitliche Probleme, Schwindelanfälle und Herzrasen. Außerdem waren meine Schleimhäute durch das dauernde Drogenschnupfen derart gereizt, dass ich ständig Nasenbluten hatte. »Du bringst dich noch um!«, warnten mich meine Kolleginnen, wenn sie sahen, wie ich mir schon wieder eine Line zog. Ich wusste, dass sie recht hatten. Ich wusste, dass ich mein Leben aufs Spiel setzte. Doch ich dröhnte mich weiter zu, um meinen Geist wenigstens für eine Weile zu betäuben. Die Hoffnung auf ein Licht am Ende des Tunnels hatte ich endgültig aufgegeben. Ich blickte in ein tiefes schwarzes Loch und fühlte mich dem Abgrund näher als je zuvor. Die Polizei suchte nach mir, meine Mutter erpresste mich und meine einzige Freundin war ebenso wie ich Prostituierte. Wer sollte mir da helfen? Ich konnte es mir beim besten Willen nicht vorstellen. »Der Traum von einem normalen Leben ist ausgeträumt!«, sagte ich mir zutiefst resigniert. »Sieh es endlich ein, Jana: Für dich gibt es kein Happy End mehr.« Das, was ich jetzt hatte, war offenbar alles, was das Leben für mich bereithielt. Also würde ich eben weiterhin Nacht für Nacht als Prostituierte meinen Körper verkaufen, meine Gefühle ausschalten und meinen Geist mit Drogen benebeln. Das war anscheinend mein Schicksal. Dass ich daran nicht zugrunde ging, verdankte ich neben Katrin auch Adam, einem der Aufpasser, mit dem ich eine Beziehung eingegangen war. Ohne ihn hätte ich mich eines Tages vielleicht doch vor Verzweiflung umgebracht. Oder eine Überdosis Drogen hätte mir diese Arbeit abgenommen.

Wenn wir mit meinen Kolleginnen und den Zuhältern Partys feierten, war Adam immer dabei. Er war knapp 20 Jahre alt, groß, dunkelblond und durchtrainiert. Aber vor allem war er mir aufgefallen, weil er sich stets ein wenig abseits hielt und weder Alkohol trank noch Kokain schnupfte. Er saß einfach nur still da. »Du, sag mal, wer ist das eigentlich?«, fragte ich Katrin eines Abends mit einem verstohlenen Blick in Adams Richtung. »Du meinst doch nicht etwa den Waschlappen da hinten?«, erwiderte Katrin und starrte mich ungläubig an. »Das ist doch nicht mal ein richtiger Kerl! Der raucht nicht, trinkt nicht und poppt auch nicht. Was willst du denn mit dem?« Ich grinste und schwieg. Mir gefiel Adams zurückhaltende Art ebenso wie die Tatsache, dass er keine Drogen nahm, obwohl alle um ihn herum es taten. Er schien willensstark zu sein. Jemand, an den ich mich anlehnen konnte. Auch in dieser Umgebung hielt ich geradezu instinktiv nach einem Beschützer Ausschau. Von nun an suchte ich das Gespräch mit ihm. Adam schien überrascht und erfreut zugleich. Ich zeigte ihm, dass er mir gefiel, was offenbar auf Gegenseitigkeit beruhte, und so wurden wir ein Paar.

Obwohl Adam einer der Typen war, die einschritten, wenn ein Freier Ärger machte, ein Mann fürs Grobe, verlor er mir gegenüber nie ein böses Wort. Im Gegenteil, mit Engelsgeduld versuchte er immer und immer wieder, mich von den Drogen wegzubringen, mir dieses Teufelszeug auszureden. Ein paar Mal ging er sogar so weit, meine gesamte Kokain-Ration die Toilette hinunterzuspülen. Und wenn ich ihn mitten in der

Nacht völlig zugedröhnt anrief, war er in Windeseile bei mir. »Er mag mich wirklich«, dachte ich, und zum ersten Mal seit langer Zeit durchströmte mich wieder ein Gefühl des Glücks. In meiner Freizeit unternahmen Adam und ich Ausflüge in die Umgebung, und wenn wir dann Arm in Arm am See spazieren gingen und uns unterhielten, fühlte ich mich manchmal sogar wie ein ganz normaler Teenager. An Adams Seite war ich ein wertvoller Mensch und nicht nur ein Stück käufliches Fleisch. Für Adam war ich nicht bloß eine hübsche Hülle, mit der man eine Nummer schob, sondern ein Mädchen mit Gedanken und Gefühlen. Dass ich zu diesen Gefühlen überhaupt noch in der Lage war, nahm mir eine unendlich schwere Last von meinem Herzen: Trotz allem, was ich durchgemacht hatte, war ich also noch immer fähig zu lieben! Deshalb verzichtete ich beim Sex mit Adam auf Kondome. Mit ihm wollte ich etwas spüren, wollte mich wieder lebendig fühlen, wollte mich geliebt fühlen. Wenn ich mit Adam schlief, kostete ich dieses Erlebnis mit allen Sinnen aus. Stieg ich dagegen mit einem Freier ins Bett, war mein Körper nichts als ein empfindungsloses Werkzeug männlicher Lustbefriedigung.

Adam wollte mich nicht nur von den Drogen wegbringen, sondern auch vom Anschaffen. Hin und wieder steckte er mir sogar heimlich Geld zu, damit ich meinen Körper nicht verkaufen musste. Doch ich blockte ab. Alles, was ich mir von Adam wünschte, waren ein wenig Aufmerksamkeit und vor allem Schutz in diesem gefährlichen Milieu. Als Partner fürs Leben – für ein *normales* Leben außerhalb des Bordells – konnte ich mir Adam dagegen nicht vorstellen. Zumal er hier wahrscheinlich noch die nächsten 20 Jahre als Aufpasser arbeiten würde, so gut wie er sich mit Karol verstand. Ihm wiederum fiel es nicht leicht, mich mit anderen Männern zu teilen. Einmal, als ich gerade mit einem Freier auf dem Weg in mein Zimmer war, rief er mir hinterher: »Hey Kleines, betrüg mich nicht.« Sein missbilligender Blick sprach Bände. Mein Herz verkrampfte sich. In jenem Moment verfluchte ich wieder einmal mein Leben, meine Arbeit und mich selbst.

Eines Tages ereignete sich ein Vorfall, der mir unmissverständlich klarmachte, *wie* gefährlich die Kreise tatsächlich waren, in denen ich mich hier befand. Wir feierten gerade eine unserer Partys, als plötzlich ein paar Männer auftauchten, die ich noch nie zuvor gesehen hatte. Meine Kolleginnen verließen fluchtartig den Raum. Auch Ola und Dorota standen auf und gingen, während ich mich noch darüber wunderte, dass die Fremden aussahen, als seien sie einem Mafiafilm entsprungen: hochgewachsene Muskelpakete in schwarzen Anzügen und mit ausdrucksloser Miene. Schweigend schauten sie zu mir herüber. Ihr Blick ließ keinen Zweifel daran, dass ich unerwünscht war, und so folgte ich meinen Kolleginnen, Ola und Dorota rasch in die obere Etage. Nach einer Weile ging Ola zurück und rief uns nach unten. Auf der Couch im Empfangsraum saßen neue Mädchen. Ich wollte mich mit ihnen bekannt machen, aber sie verstanden mich nicht. »Sie sind aus Weißrussland«, erklärte Ola in einem Ton, der mir eindeutig signalisierte, keine weiteren Fragen zu stellen. Bald darauf herrschte erneut ausgelassene Partystimmung, denn die unbekannten Männer waren wieder verschwunden – alle bis auf einen. Der holte plötzlich eine Pistole aus dem Hosenbund hervor und fuchtelte damit angeberisch vor uns herum. »Willst du mal?«, fragte er mich und hielt mir die Pistole hin. Zögerlich nahm ich sie entgegen. Ich hatte noch nie eine Waffe in der Hand gehalten. »Wenn du willst, besorge ich dir so eine«, sagte der Fremde großspurig. Ich blickte ihn erstaunt an. Ohne eine Antwort abzuwarten, fuhr er eifrig fort: »Pass auf! Ich zeig dir, wie man sie bedient.« Er erklärte mir, wie die

Waffe geladen und entsichert wurde. »Und jetzt machen wir ein paar Schießübungen!« Mir stockte der Atem. »Wo denn?«, fragte ich schüchtern. »Wir zielen auf die Tür«, erwiderte er lässig und zeigte auf die weiße Haustür. Mir wurde immer mulmiger zumute, aber ich traute mich nicht zu widersprechen. In meinem Bauch breitete sich ein nervöses Kribbeln aus. Er schien das tatsächlich ernst zu meinen! Da hörte ich auch schon einen lauten Knall. Ich zuckte zusammen. »Hier! Jetzt du!«, forderte der Unbekannte mich auf und drückte mir die Pistole wieder in die Hand. Mit zitternden Fingern gab ich einen Schuss auf die Tür ab. Plötzlich stand Karol im Raum. »Seid ihr denn völlig verrückt geworden?«, raunzte er uns an. »Wenn die Bullen hier in der Gegend rumfahren, sind wir dran.« Erschrocken gab ich dem Fremden die Waffe zurück. Karol fixierte mich mit seinem eiskalten Blick, als wollte er sagen: »Das machst du nicht noch mal, sonst …« Dann wandte er sich an Adam. »Gleich morgen tauschst du die Tür aus!« Adam nickte gehorsam, und Karol verschwand wieder im Nebenzimmer.

Am nächsten Abend saßen erneut zwei fremde Mädchen im Empfangsraum. Beide hatten langes Haar, hohe Wangenknochen und eine zierliche Figur. Sie waren etwa 15 Jahre alt und weinten bitterlich. Während meine Kolleginnen bemüht waren, sie zu trösten, versuchten die beiden, sich mit Händen und Füßen verständlich zu machen. Offenbar waren auch sie Russinnen. Glücklicherweise sprach eine meiner Kolleginnen ein paar Brocken Russisch. »Was ist denn los?«, fragte ich Katrin und setzte mich dazu. »Erst hat man die beiden mit falschen Versprechungen geködert und ihnen die Pässe abgenommen. Und jetzt sollen sie ihren Kaufpreis abarbeiten, um ihre Pässe zurückzukriegen«, erklärte sie mir. Die beiden verzweifelten Mädchen taten mir furchtbar leid. In der Hoffnung auf ein besseres Leben hatten sie ihre Heimat, ihre Familie und Freunde verlassen und waren nun als Zwangsprostituierte im Bordell gelandet. »Sie könnten versuchen abzuhauen«, sprach ich ohne nachzudenken das aus, was mir als Erstes einfiel. Entsetzt zog Katrin mich zur Seite. »Bist du wahnsinnig?«, zischte sie. »So was darfst du nicht laut sagen! Dafür kannst du Mordsärger kriegen! Die haben doch überall ihre Leute und würden die Mädels in Nullkommanichts finden. Und dann … Von Karol heißt es, er habe seine Frau aus dem Gefängnis heraus umbringen lassen, weil sie zu viel feierte und sein Geld verprasste. Sei bloß vorsichtig!« Mir lief es eiskalt den Rücken hinunter, als ich zum ersten Mal richtig begriff, in was ich hier hineingeraten war. Offensichtlich hatte ich es mit skrupellosen Menschenhändlern und Waffenschiebern zu tun! Die fackelten nicht lange, wenn jemand Ärger machte. »Gott sei Dank habe ich wenigstens Adam«, dachte ich erleichtert, »meinen Beschützer.«

Ein paar Wochen später hörte ich mittags ein lautes Geräusch aus dem ersten Stock. Gerade als ich nachsehen wollte, kam Katrin weinend die Treppe heruntergelaufen. »Was ist denn passiert?«, fragte ich besorgt. »Der hat mir mit der Faust ins Gesicht geschlagen!«, schluchzte sie und hielt sich die Wange, die tiefrot und bereits stark geschwollen war. Ich nahm an, dass sie Karol meinte, aber da ich ihn noch nie gewalttätig erlebt hatte – schließlich hatte er für die grobe Arbeit seine Aufpasser –, fragte ich genauer nach: »Wer hat dir ins Gesicht geschlagen?« »Der Waschlappen!«, schnaubte Katrin verächtlich. Ungläubig riss ich die Augen auf. *Adam?* Mein Adam sollte Katrin so brutal geschlagen haben? Nie im Leben! »Das kann nicht wahr sein!«, entgegnete ich entschlossen. »Ist es aber!«, beharrte Katrin. »Ich wollte mich in meinem Zimmer ein wenig aufs Ohr hauen, aber da hatte Adam sich breitgemacht. Als ich ihn geweckt habe, um ihm zu sagen, dass er verschwinden soll, ist er auf mich losgegangen. Der Waschlappen hat mich beschimpft und mir seine Faust so ins Gesicht gerammt, dass ich einen halben Meter durchs Zimmer geflogen bin. Mein ganzer Schädel brummt. Brutaler Mistkerl!« Ich konnte kaum fassen, was Katrin mir da erzählte. Doch Katrin war meine beste Freundin. Sie würde mich nicht anlügen. Ich betrachtete sie bekümmert. Ihr Gesicht sah wirklich schlimm aus. »Hoffentlich hat sie keine ernsthaften Kopfverletzungen«, dachte ich. Am liebsten hätte ich sie sofort zum Arzt gebracht. Doch das war natürlich unmöglich. So konnte ich nichts weiter für sie tun, als sie ein wenig zu trösten. Dann machte ich mich auf den Weg zu Adam. Ich musste unbedingt mit ihm sprechen. Als ich Katrins Zimmer betrat, saß Adam auf dem Bettrand. »Sag mal, was ist denn da gerade passiert?«, wollte ich von ihm wissen. »Hast du doch gehört«, erwiderte er barsch. »Die Schlampe muss kapieren, wo sie hingehört und wer das Sagen hat!« Ich blickte ihn an, als sähe ich ihn zum ersten Mal. Und irgendwie stimmte das sogar. Denn zum ersten Mal hatte Adam gezeigt, dass auch er ein zweites Gesicht hatte: das eines brutalen Schlägers. Ich kam mir vor, als wäre ich gerade eben aus einem Traum erwacht. Wie hatte ich nur so naiv sein können! Bloß weil Adam mir gegenüber so lieb und fürsorglich war, hieß das noch lange nicht, dass er nicht auch gewalttätig werden konnte. Schließlich war er kein Chorknabe, sondern arbeitete als Aufpasser in einem Bordell! Und wenn er Katrin wegen einer falschen Bemerkung so brutal geschlagen hatte, würde mir das früher oder später wahrscheinlich auch blühen. »Von wegen Beschützer!«, dachte ich bitter.

Zwar versuchte ich, mir Adam gegenüber nichts anmerken zu lassen, doch die Wärme und Geborgenheit, die ich bis dahin in seiner Gegenwart empfunden hatte, waren ein für alle Mal verflogen. »Zum Glück ist wenigstens noch Katrin da«, tröstete ich mich. »Auf sie kann ich mich immer verlassen.« Bis Katrin kurze Zeit später das Bordell verließ. Die Geschichte ihres Verschwindens trug geradezu märchenhafte Züge: Ein ehemaliger Freier aus einem anderen Bordell, ein wohlhabender Anwalt, hatte sich tatsächlich in sie verliebt und sie mithilfe eines Detektivs aufgespürt. Und Katrin entschied sich für ihn. Einerseits freute ich mich und hoffte von Herzen, dass sie es ab jetzt gut haben würde. Andererseits fühlte ich mich ohne sie schrecklich einsam und verlassen. Was sollte denn nun aus mir werden? Wie lange würde die Beziehung zu Adam noch halten? Seine Gefühle für mich konnten sich jederzeit ändern … Ich wollte hier weg! Weg vom Anschaffen, weg von den Drogen, weg aus diesem ganzen menschenverachtenden Milieu. Doch wie sollte ich den Absprung schaffen? Wer würde mir dabei helfen? Wo könnte ich hingehen? Plötzlich spürte ich, dass ich unbedingt noch einmal von vorn anfangen wollte – und bereit war, dafür alles zu riskieren. Ich beschloss, endlich wieder zu Hause vorbeizuschauen, um der Atmosphäre des Bordells wenigstens für ein paar Stunden zu entrinnen. Vielleicht würde es mir ja in unserer Wohnung gelingen, mir wieder ein paar schöne Erinnerungen an meine Zeit mit Großmutter ins Gedächtnis zu rufen und daraus neue Kraft zu schöpfen.

Am nächsten Tag ließ ich mich von einem unserer Taxi-Kuriere in mein Viertel fahren. Als ich die Haustür öffnete, traf ich im Flur auf Ela. »Hi, Jana. Schön, dich endlich mal wiederzusehen«, sagte sie freundlich. Natürlich wusste auch Ela über mich Bescheid, aber im Unterschied zu den anderen Nachbarn sah sie nicht auf mich herab. Fast schien es mir, als habe Ela geradezu die Gelegenheit herbeigesehnt, mit mir zu sprechen. Tatsächlich fragte sie nach kurzem Zögern: »Hast du vielleicht einen Moment Zeit?« Ich nickte. »Dann lass uns doch zu mir gehen. Ich möchte dir etwas vorschlagen.« Sie öffnete ihre Wohnungstür und ließ mich hinein. Kaum hatten wir uns ins Wohnzimmer gesetzt, fing Ela auch schon an zu reden. Ich traute meinen Ohren kaum – denn sie unterbreitete mir tatsächlich einen Fluchtplan!

8. KAPITEL

Entkommen – Flucht nach Deutschland

Vielleicht hatte ich ja doch einen Schutzengel? Jedenfalls schien mir der Himmel genau in dem Moment, als ich meinem trostlosen Leben unbedingt entfliehen wollte und zugleich an der Unmöglichkeit meines Vorhabens verzweifelte, mit Ela eine helfende Hand zu schicken. »Ich will zusammen mit einer Freundin nach Deutschland gehen. Willst du mitkommen?«, fragte Ela. Nach Deutschland? Ich horchte auf. Deutschland – da begann die bessere Welt. Ebenso wie die meisten Polen verband ich mit Deutschland Wohlstand und gut bezahlte Arbeit: In Deutschland besaßen viele Menschen ein eigenes Haus, fuhren ein schickes Auto und gönnten sich jedes Jahr Urlaub. Deutschland war das Land voller Möglichkeiten, wenn man es zu etwas bringen wollte. Vielleicht würde es ja auch mir dort gelingen, noch einmal ganz neu anzufangen? Erwartungsvoll schaute ich Ela an. Da war sie wieder, diese Kraft, die ich schon lange nicht mehr in mir gespürt hatte, diese Kraft, die mich unbedingt aus dem Sumpf ziehen wollte. Ich konnte es kaum erwarten, weitere Einzelheiten von Ela zu erfahren. »Ein Freund von mir will in Deutschland eine Begleitagentur eröffnen, und wir wollen anschaffen gehen. Es ist zwar weit weg von zu Hause, aber dort lässt sich damit richtig viel Geld verdienen! Und du hast ja auf diesem Gebiet bereits einige Erfahrung gesammelt«, fuhr Ela fort. Plötzlich war mir, als hätte mich jemand ohne Fallschirm aus einem Flugzeug gestoßen. Ich stürzte in rasantem Tempo abwärts und schlug schließlich mit voller Wucht auf. »Wie bitte?«, fragte ich ungläubig, als ich meine Sprache wiedergefunden hatte. Ich musste mich verhört haben. Das konnte Ela einfach nicht gesagt haben! Als Ela mein erstauntes Gesicht sah, erklärte sie: »Na ja, wenn du schon anschaffen gehst, dann doch wohl lieber für eine Stange Geld, oder? Wir wollen da richtig Kohle machen und dann hier unser Leben genießen.«

Ich hatte mich also nicht verhört. Ela schlug mir tatsächlich vor, künftig in Deutschland als Prostituierte zu arbeiten. Aber Deutschland oder Polen – was machte das schon für einen Unterschied? Das Geld interessierte mich nicht. Ich wollte doch weg vom Anschaffen, weg von den Drogen! Was nützte mir ein dickes Bankkonto, wenn ich nur noch ein Schatten meiner selbst, ein menschliches Wrack war? Falls ich es überhaupt überlebte … Ich wollte mein Leben, meine Gesundheit und vor allem meine Seele retten. Nichts wünschte ich mir sehnlicher, als endlich ein normales Leben führen zu können. Ich wollte eine anständige Arbeit, eine Arbeit, vor der ich mich nicht fortwährend ekelte. Und vielleicht würde ich eines Tages ja sogar einen lieben, fürsorglichen Mann kennenlernen. *Das* war meine Vorstellung von der Zukunft.

Gerade als ich aufstehen wollte, schossen mir Elas Worte noch einmal durch den Kopf: *Weit weg von zu Hause*, hatte sie gesagt. Und plötzlich wusste ich, was den Unterschied ausmachte: die Entfernung! Möglicherweise lag genau in der großen Entfernung meine Chance. Hatte meine Mutter mir nicht stets gedroht, mich mithilfe der Polizei überall in Polen aufzuspüren? Aber wenn ich in Deutschland wäre, sähe die Sache schon anders aus. Rund 1000 Kilometer von hier weg hätte sie keine Macht mehr über mich. Wie wäre es also, wenn ich erst mal zum Schein mitgehen würde, um mich dann in Deutschland abzusetzen? Ich sprach zwar kein Wort Deutsch und kannte dort auch niemanden, aber irgendwie würde mir das schon gelingen. Ich musste es einfach versuchen! Diese Chance durfte ich nicht ungenutzt verstreichen lassen! Meine Stimmung schwang sich zu einem rasanten Höhenflug auf. Endlich sah ich wieder Licht am Ende des Tunnels, auch wenn es nur ein schwacher Schimmer war. Ich lächelte Ela entspannt an. »Okay, klingt echt überzeugend. Ich bin dabei.« Ela war sichtlich erfreut. »Super! Dann ist das also abgemacht. Und keine Sorge, was deine Mutter angeht. Das regle ich schon. Ich sage ihr einfach, dass du in Deutschland mit Anschaffen viel mehr verdienen kannst als hier. Das wird ihr den Mund wässrig machen.«

Tatsächlich machte Ela meiner Mutter den Mund so wässrig, dass sie mir nicht nur einen Pass besorgte, sondern sogar mein Busticket bezahlte. Meine Mutter gab Geld für mich aus – wer hätte das gedacht! »Wahrscheinlich glaubt sie, dass sie sich schon bald in einer Badewanne voll Geldscheinen suhlen kann. Da lohnt sich doch die Investition in ein Busticket«, dachte ich sarkastisch. Adam und meinen Zuhältern erzählte ich, dass ich mit meiner Mutter eine Urlaubsreise nach Deutschland unternehmen würde. Zu meiner Erleichterung nahmen sie mir meine Lüge ohne jegliches Misstrauen ab. »Ich habe Freunde in Süddeutschland. Wenn du willst, gebe ich dir die Adresse. Dann kannst du bei ihnen vorbeischauen, wenn etwas sein sollte«, bot Adam mir an. »Vielen Dank, aber wir kommen schon klar«, entgegnete ich mit einem aufgesetzten Lächeln. Zugleich verspürte ich einen kleinen Stich, schließlich war Adam lange Zeit mein Rettungsanker gewesen und ich hatte viele schöne Momente mit ihm verbracht. Aber andererseits war er einfach kein Mann fürs Leben, zumindest nicht für das Leben, das ich mir ersehnte. Er hatte nicht nur die brutalen Spielregeln des Bordell-Milieus verinnerlicht, er war auch viel zu tief in Karols und Marcins kriminelle Machenschaften verstrickt.

Endlich war der Abreisetag gekommen. Zusammen mit Ela und ihrer Freundin machte ich mich auf den Weg zum Busbahnhof. »Die erste Hürde ist geschafft«, sagte ich zu mir selbst. »Jetzt musst du alles daransetzen, dass dir in Deutschland der Neuanfang gelingt.« Aufgeregt stieg ich in den Bus. Eine solch lange Reise hatte ich noch nie unternommen. Hoffentlich würde alles glattgehen. Schließlich stand meine Zukunft auf dem Spiel … Der Reisebus war geräumig, hatte bequeme, gepolsterte Sitze und verfügte sogar über eine Klimaanlage. Ich konnte es kaum erwarten, bis es endlich losging. Und diesmal hatte ich ein ganz anderes Gefühl als auf der Fahrt in die Erziehungsanstalt: Mit jedem Kilometer, den wir uns weiter von meiner Heimatstadt – und von meiner Mutter – entfernten, wurde mein Herz leichter und leichter. Als würde sich der Stein auf meiner Brust auf wundersame Weise in eine Feder verwandeln. Nun, mit 16 Jahren, war ich endlich so weit: Ich sah meine Mutter genau so, wie sie wirklich war. Zwar verspürte ich noch immer eine tiefe Sehnsucht nach Nähe und Geborgenheit, doch ich hatte begriffen, dass sie die letzte Person war, von der ich das bekommen würde. Im Gegenteil: Je größer die Entfernung zu ihr, desto besser war es für mich.

Nach mehreren Hundert Kilometern fiel Ela auf, dass ich noch gar nichts gegessen oder getrunken hatte. »Hat deine Mutter dir nichts mitgegeben?«, fragte sie mich. Als ich den

Kopf schüttelte, bot sie mir etwas von ihrem Proviant an. Nachdem ich mich satt gegessen hatte, überkam mich eine große Müdigkeit, eine angenehme Schwere, wie ich sie schon lange nicht mehr empfunden hatte. Das Wissen, dieser Hölle aus Prostitution, Alkohol und Drogen entkommen zu sein, machte mich ruhig und entspannt. Natürlich würde ich auch in Deutschland zunächst wieder in einer »Begleitagentur« arbeiten müssen. Aber nur vorübergehend. Ich war fest entschlossen, mich bei der erstbesten Gelegenheit aus dem Staub zu machen. Vielleicht konnte ich irgendwo kellnern oder putzen. Irgendetwas würde ich schon finden. Und vielleicht, mit ein bisschen Glück, stand mein Schutzengel mir auch weiterhin bei. So schlief ich voller Zuversicht ein.

Als wir nach 23 Stunden Fahrt in der Nähe von Stuttgart ankamen, wurden wir bereits von unseren beiden künftigen Zuhältern erwartet, einem Polen und einem Deutschen. Den Polen kannte ich noch von Elas Partys. Die beiden fuhren mit uns zu einem Bungalow, in dem wir drei wohnen sollten. Nachdem sie uns abgesetzt hatten, fuhren sie wieder weg und kamen kurze Zeit später mit Einkaufstüten voller Lebensmittel zurück. Zuhälter, die für ihre Prostituierten einkaufen gingen? So was hatte ich ja noch nie erlebt! Echte Profis hätten sich dazu niemals herabgelassen. Waren wir hier etwa an blutige Anfänger geraten? Mir konnte es egal sein, hatte ich doch ohnehin kein Interesse daran, »gebucht« zu werden.

Ganz im Gegensatz zu Ela und ihrer Freundin. Im Stillen wunderte ich mich darüber, wie leicht es Ela fiel, ihren Körper zu verkaufen. Der schnelle Reichtum schien ihr dieses Opfer wert zu sein. Allerdings entwickelte sich das Geschäft nicht so, wie die beiden Frauen sich das erhofft hatten. Die Freier in Deutschland zahlten nämlich in der Regel nur 50 DM, also viel weniger, als ich in Polen verdient hatte. Der perfekte Vorwand für mich, nicht anzuschaffen! »Das mache ich nicht! Für so wenig Geld arbeite ich nicht!«, erklärte ich forsch. Inzwischen war ich mir ziemlich sicher, dass unsere Zuhälter alles andere als Profis waren und ich von ihnen keine Gewaltausbrüche zu befürchten hatte. Ela und ihre Freundin machten den beiden die Hölle heiß, endlich zahlungskräftige Freier zu finden. Hin und wieder gelang ihnen das tatsächlich, und die beiden Frauen wurden – wie in Polen – zu den Kunden ins Hotel gefahren. Auch dort lief es dann – so erzählten sie mir hinterher – genauso ab, wie ich es aus Polen kannte: Sie nahmen das Geld, zogen sich aus, hatten Sex mit dem Freier, zogen sich wieder an und verließen das Zimmer.

Nach einigen Wochen erinnerte mich die Situation immer mehr an meine Zeit in Stanislaws »Begleitagentur«. Das Geschäft lief schlechter und schlechter. Eines Tages sagte der Pole zu uns: »Macht euch fertig und kommt mit!« Ich fragte mich, was sie wohl vorhatten, und versteckte vorsichtshalber meinen Pass. Den würde ich unter keinen Umständen hergeben! Wir setzten uns alle ins Auto und fuhren los. Vorn diskutierten die Zuhälter lebhaft miteinander. Da ich noch kaum Deutsch sprach, konnte ich leider nicht verstehen, worum es ging. Nach einer kurzen Fahrt hielten wir vor einem türkischen Lokal an und gingen hinein. Der Raum war ziemlich klein mit nur wenigen Tischen. Hinter der Theke allerdings standen unverhältnismäßig viele äußerst aufreizend angezogene Frauen, was mich sehr wunderte. Zu meiner noch größeren Überraschung sprachen mehrere von ihnen sogar Polnisch. Plötzlich ging mir ein Licht auf: Das waren als Kellnerinnen getarnte Prostituierte, die hier heimlich anschafften. Offenbar wussten die Kunden des Lokals, dass sie hier nicht nur Essen und Getränke kaufen konnten. Ich richtete meine Aufmerksamkeit wieder auf unsere beiden Zuhälter, die mit dem Pächter des Lokals über irgendetwas verhandelten. Anscheinend wurden sie sich aber nicht einig, und so zogen wir wieder ab. Im nächsten Lokal – diesmal handelte es sich um eine deutsche Kneipe – bot sich mir ein ähnliches Bild; dort hörte ich eine der »Kellnerinnen« Russisch sprechen. Wieder verließen wir das Lokal schon nach wenigen Minuten. Das Ganze ging noch ein paar Tage lang so weiter. Inzwischen hatte ich mitbekommen, dass unsere Zuhälter uns »vermitteln« wollten, die Lokale aber keinen Bedarf hatten. Was mich jedoch am meisten erstaunte, war die Tatsache, dass es in Deutschland überhaupt so viele Kneipen mit heimlicher Prostitution gab.

Kurze Zeit später stiegen wir erneut ins Auto. Dieses Mal landeten wir in einem richtigen Bordell. In dem als Tanzclub getarnten Laden schafften sowohl Mädchen in meinem Alter als auch erwachsene Frauen an. Vom ersten Augenblick an beschlich mich ein ungutes Gefühl. Und so flüsterte ich Ela zu: »Eins sage ich dir: Wenn die uns hier verkaufen wollen, flüchte ich durchs Fenster und haue ab!« Das war mein voller Ernst. Um nichts in der Welt würde ich mich verkaufen lassen, schließlich erinnerte ich mich noch allzu gut an die russischen Mädchen in meinem letzten Bordell. Ich hatte ihre verzweifelten Gesichter vor Augen, und ein eiskalter Schauder lief mir über den Rücken. Doch auch in diesem »Tanzclub« schien – glücklicherweise – nichts zu laufen. Mit mürrischem Gesicht forderte uns der polnische Zuhälter zum Gehen auf.

Schließlich stand fest, dass die Idee einer »Begleitagentur« ein Flop war und wir drei uns eine andere Arbeit suchen mussten. Ela und ihre Freundin waren jedoch nicht bereit, einfach nur zu kellnern. »Da ist die Bezahlung ja noch mieser als im Bordell!«, schimpfte Ela wütend. Wenn schon kellnern, dann wollten die beiden dabei wenigstens heimlich anschaffen. Ich dagegen hoffte inständig, so bald wie möglich eine Anstellung als Bedienung zu finden. Ich hätte auch Toiletten geputzt oder Böden geschrubbt – Hauptsache, das Leben als Prostituierte wäre endlich vorüber. Das Ende dieses langen, schwarzen Tunnels, durch den ich seit Jahren irrte, schien mir plötzlich nur noch einen Katzensprung entfernt.

Kurze Zeit darauf fanden unsere beiden Zuhälter ein türkisches Lokal, in dem ich als Kellnerin und Ela und ihre Freundin als kellnernde Prostituierte anfangen sollten. Als wir uns dort vorstellten, trafen wir auf zwei tschechische Mädchen, die in Tränen aufgelöst waren. In gebrochenem Polnisch erzählte mir die eine, dass man ihnen mit falschen Versprechungen ihre Pässe entlockt und sie in die Prostitution gezwungen habe. Und nun hatten ihre Zuhälter sie an ein anderes Lokal weiterverkauft, sodass in diesem Platz für Ela und ihre Freundin war. »Genau wie in Polen«, dachte ich niedergeschlagen. »Hoffentlich gelingt wenigstens mir der Absprung.«

Zum ersten Mal mündeten meine Hoffnungen nicht in eine bittere Enttäuschung. Mein Schutzengel stand mir tatsächlich auch weiterhin bei. Schon kurz nach meiner Ankunft hatte ich über unseren deutschen Zuhälter einen 33-jährigen Mann namens Johann kennengelernt. Obwohl Johann wusste, welcher Tätigkeit wir drei Frauen nachgingen, behandelte er uns ausgesprochen freundlich und höflich. Er war groß und schlank und ein sehr aufgeschlossener, kontaktfreudiger Typ. Wie ich erfuhr, war Johann geschieden und hatte einen 12-jährigen Sohn, der bei ihm lebte. Schon allein diese Tatsache, dass der Junge bei seinem Vater und nicht bei seiner Mutter wohnte, fand ich ziemlich bemerkenswert. Sie passte zu dem fürsorglichen Eindruck, den Johann auf mich machte. Als er uns jedoch eines Tages alle fünf in seine Wohnung einlud, verschlug es mir glatt die Sprache: Wie sauber und aufgeräumt und behaglich alles war. Man hätte sprichwörtlich vom Fußboden essen können. Ich war mächtig beeindruckt. Zum ersten Mal in meinem Leben lernte ich einen Mann kennen, der nicht nur einer normalen Arbeit nachging, sondern sich auch noch liebevoll um seinen Sohn kümmerte. So etwas war mir in Polen noch nie widerfahren!

Ich fühlte mich zu Johann hingezogen und merkte schon bald, dass er meine Gefühle erwiderte. Ungeachtet meiner Tätigkeit hatte er sich in mich verliebt. Vielleicht spielten dabei auch ein wenig Mitleid und der Wunsch zu helfen eine Rolle. Auf jeden Fall versuchte er mithilfe der Übersetzungskünste unseres polnischen Zuhälters immer wieder, mit mir ins Gespräch zu kommen. Als er schließlich erfuhr, dass ich aussteigen wollte, bot er mir an, bei ihm einzuziehen. Bei der Aussicht, gar nicht erst als Kellnerin in dem zwielichtigen Lokal anfangen zu müssen, fiel mir ein Stein vom Herzen. Ohne zu zögern sagte ich Ja. Mit meinem Einzug bei Johann fühlte ich mich wie neu geboren – leicht und frei: Endlich gehörte mein Leben als Prostituierte der Vergangenheit an. Nun würde alles anders werden. Bei Johann war ich in guten Händen. Er würde mich beschützen. Mit ihm würde ich jenes normale Leben führen können, das ich mir immer gewünscht hatte. Und vielleicht würde mir durch Johanns Liebe und Geborgenheit sogar die Hölle meiner Jugend irgendwann einmal nur noch wie ein böser Traum erscheinen. Voller Zuversicht freute ich mich auf mein neues Leben mit ihm und seinem Sohn.

Obwohl ich nur vier Jahre älter war als Johanns Sohn, kamen wir von Beginn an gut miteinander klar. Johann allerdings wusste anfangs noch nichts von meinem wahren Alter, da ich ihm vorgeschwindelt hatte, bereits 18 zu sein. Doch nun, da wir als Paar zusammenlebten, wollte ich nicht, dass eine Lüge zwischen uns stand. Er reagierte sehr gelassen. »Das ändert nichts an meinen Gefühlen für dich«, sagte er mit einem verständnisvollen Lächeln. Erleichtert lächelte ich zurück.

Es gab da aber noch ein anderes, weit schwerwiegenderes Geheimnis, das ich Johann unbedingt mitteilen musste: Seit Kurzem wusste ich nämlich, dass ich schwanger war. Von Adam. Während meiner Arbeit als Prostituierte hatte ich zwar die Pille genommen, es aber wohl – zugekokst, wie ich gewesen war – teilweise sehr unregelmäßig getan. Und da Adam der Einzige war, mit dem ich ohne Kondom geschlafen hatte, konnte das Kind nur von ihm sein. Ich selbst hatte es zunächst gar nicht bemerkt, bis Ela eines Tages nach dem Duschen zu mir meinte: »Sag mal, Jana, wann hattest du eigentlich zuletzt deine Tage?« Ich blickte sie überrascht an. »Weiß ich gar nicht so genau.« »Schau dir mal deine Brüste an«, fuhr Ela fort. »Du bist schwanger!« »Das kann nicht sein!«, dachte ich erschrocken, während ich an mir herabschaute. Oder konnte es vielleicht doch sein? Hatten meine Brüste in den letzten Wochen nicht ständig gespannt? War mir nicht immer wieder übel gewesen? Tatsächlich hatte ich mich ziemlich matt gefühlt, den Gedanken an eine Schwangerschaft aber nie zugelassen. Gerade jetzt, da mein neues Leben schon zum Greifen nahe schien, durfte das einfach nicht sein. Und dennoch war es so: Ich erwartete ein Kind.

Tag für Tag fragte ich mich voller Angst, wie Johann wohl auf diese Nachricht reagieren würde, und zögerte mein Geständnis hinaus. Schließlich war ich gerade erst bei ihm eingezogen. Auch wenn wir uns noch nicht lange kannten, schmiedeten wir bereits Heiratspläne und träumten von einer gemeinsamen Zukunft. Aber waren Ehrlichkeit und Vertrauen da nicht unerlässliche Voraussetzungen? Nein, es half alles nichts. Auch auf die Gefahr hin, dass Johann unsere Beziehung abrupt beenden und mich vor die Tür setzen würde, musste ich ihm unbedingt so schnell wie möglich von meiner Schwangerschaft erzählen.

Nachdem Johann sich mit ernstem Gesicht mein Geständnis angehört hatte, reagierte er einfach wundervoll. »Mach dir keine Sorgen. Ich helfe dir«, sagte er nur. Keine Fragen, keine Vorwürfe, keine Trennung. Ich konnte es kaum fassen! Dass er so ruhig bleiben und mir sogar seine Unterstützung anbieten würde, hatte ich nicht zu hoffen gewagt. Mit einem Mal schien sich der Felsbrocken, der seit Tagen auf meinen Schultern lastete, in Luft aufzulösen. Im ersten Augenblick empfand ich eine ungeheure Erleichterung. Dann durchströmte eine Welle zärtlicher Zuneigung meinen Körper. Was für ein Glück, dass ich Johann getroffen hatte! Er kannte meine Geschichte, wusste von meiner kriminellen Vergangenheit, meiner erpresserischen Zuhältermutter und meiner Bordellzeit voller Alkohol und Drogen. Und dennoch stand er zu mir und wollte mir helfen. Jetzt wünschte ich mir sogar noch stärker als zuvor, mit Johann ein neues Leben zu beginnen.

Auch Johann wünschte sich eine gemeinsame Zukunft mit mir – aber nicht mit dem Kind eines anderen. Er bot mir an, mich überallhin zu begleiten, Ärzten und Behörden meine Lage zu erklären und nicht zuletzt auch die Kosten zu übernehmen, sollte ich die Schwangerschaft abbrechen wollen. Ich konnte ihn gut verstehen und fand sein Angebot sehr großzügig, dennoch stand ich nun vor einer äußerst heiklen Entscheidung. Immer wieder dachte ich darüber nach, und immer wieder kam ich zu demselben Schluss: Nicht nur, dass ich ein Kind von einem Kriminellen aus dem Rotlichtmilieu erwartete, mit dem ich nichts mehr zu tun haben wollte – ich war minderjährig, hatte weder einen Schulabschluss noch eine Ausbildung, hielt mich ohne Aufenthaltserlaubnis in Deutschland auf und wurde in meiner Heimat polizeilich gesucht. Was war, wenn ich nach Polen zurück musste? Welches Leben würde dieses Kind erwarten? Vielleicht entschieden die Behörden, es in eines dieser schrecklichen Kinderheime zu stecken, während ich die Zeit bis zu meinem 18. Lebensjahr in der Erziehungsanstalt verbringen würde? Oder vielleicht vertrauten sie es seiner Großmutter an? Eine noch schrecklichere Vorstellung! Dass sie das Kind genauso quälen würde wie mich … Nein, das durfte ich nicht zulassen! Nach all diesen Überlegungen schien es mir, als würde ich das Kind mit seiner Geburt geradezu bestrafen. Und so entschied ich mich, die Schwangerschaft abzubrechen, auch wenn der Gedanke, einen Menschen zu töten, mir schwer zu schaffen machte. Aber es war einfach unvorstellbar für mich, ein Kind in die Welt zu setzen, dessen Zukunft so ungewiss war – und dem ich die Hölle, der ich selbst gerade erst mit Mühe und Not entkommen war, ersparen wollte.

Johann hielt sein Versprechen und stand mir in allen Situationen zur Seite. Zunächst suchten wir eine Gynäkologin auf, die meine Schwangerschaft offiziell bestätigte. Daraufhin stellte ich mich den Behörden. Anschließend ging ich mit Johann zu einer Schwangerschaftsberatungsstelle. Dort erzählte ich mit seiner Hilfe meine ganze Geschichte und erhielt die für eine Abtreibung notwendige Bescheinigung.

Obgleich diese Zeit alles andere als einfach für mich war, habe ich sie doch auch in guter Erinnerung behalten. Denn egal ob bei der Ärztin, den Behörden oder der Beratungsstelle, überall traf ich auf verständnisvolle und hilfsbereite Menschen. Alle streckten mir die Hand entgegen, ohne dafür irgendeine Gegenleistung von mir zu verlangen. Das war eine völlig neue Erfahrung für mich, die mich tief berührte. In Polen hatte ich Ärzte und Behörden ausschließlich von einer ganz anderen Seite erlebt. Noch heute empfinde ich große Dankbarkeit gegenüber all diesen Menschen, die mir damals so freundlich geholfen haben. Ohne sie wäre mein Leben anders verlaufen, ohne sie hätte es für mich wahrscheinlich niemals ein Happy End gegeben.

Obwohl ich keine Zweifel an der Richtigkeit meiner Entscheidung hegte, überkamen mich nach der Abtreibung starke Schuldgefühle. Das Wissen, ein werdendes Menschenleben getötet zu haben, nagte unaufhörlich an meiner Seele. Ich fühlte mich furchtbar niedergeschlagen und wusste nicht, wie ich mich von dieser schweren Last befreien sollte. Meine Seelenqualen fanden erst ein Ende, als ich ein paar Monate später wieder schwanger wurde. Auch wenn mir die Gynäkologin geraten hatte, mit einer erneuten Schwangerschaft noch eine Weile zu warten, war ich außer mir vor Freude und voller Zuversicht, dass alles gut gehen würde. Und auch Johann freute sich riesig. Dieses Mal war es ein richtiges Wunschkind, das ich beschützen und behüten wollte – ganz so, wie ich es mir für mich selbst immer erträumt hatte.

Jetzt wollten Johann und ich keine Zeit mehr verlieren und so schnell wie möglich heiraten. Nachdem ich meinen Fall vor Gericht geschildert hatte, erhielt ich tatsächlich die Erlaubnis, diesen Schritt trotz meiner 17 Jahre ohne die Einwilligung meiner Mutter zu tun. Allerdings benötigte ich dazu noch Unterlagen aus Polen. Der Gedanke, mit den polnischen Behörden Kontakt aufnehmen zu müssen, schnürte mir die

Kehle zu. Wieder dachte ich daran, was wohl mit mir und dem Kind passieren würde, wenn ich nach Polen zurück musste. Schließlich war ich dort nicht nur zum Aufenthalt in der Erziehungsanstalt verurteilt, es lag ja auch noch diese Anzeige wegen Raub mit Körperverletzung gegen mich vor. Zwei weitere Geheimnisse, die ich bis jetzt vor Johann gehütet hatte. Doch bevor wir heirateten und unser Baby zur Welt kam, wollte ich auch in diesem Punkt unbedingt reinen Tisch machen. Wenn ich mich nicht endlich meiner Vergangenheit stellte, würde ich niemals wirklich frei und glücklich leben können. Schweren Herzens besorgte ich mir die Telefonnummer der Justizbehörde meiner Heimatstadt.

Mit weichen Knien wählte ich die Nummer und fragte nach der Familienrichterin, die mich verurteilt hatte. Allein schon die Erinnerung an ihre eiskalte, unbewegliche Miene ließ mich erzittern. Wie würde sie wohl auf meinen Anruf reagieren? Wahrscheinlich knallhart und unerbittlich wie eh und je. Als ihre Stimme am anderen Ende der Leitung erklang, brachte ich im ersten Moment vor Angst keinen Ton heraus. Dann fasste ich mir ein Herz und nannte leise meinen Namen. »Wo bist du?«, fragte die Richterin ohne Umschweife. Ich schluckte. Meine Hände waren schweißnass. Am liebsten hätte ich auf der Stelle wieder aufgelegt, aber im letzten Moment riss ich mich zusammen. »Nur Mut, Jana!«, sagte ich mir. »Du musst um dein Glück kämpfen!« Also holte ich tief Luft und erzählte ihr meine ganze Geschichte. »Ich weiß, dass es nicht richtig war abzuhauen«, schloss ich meine Schilderung. »Aber ich wusste einfach keinen anderen Ausweg. Meine Mutter hat mich jahrelang misshandelt, seelisch und körperlich. Sogar in die Prostitution hat sie mich getrieben. Ich war so verzweifelt. Aber jetzt habe ich ein neues Leben angefangen.« Am anderen Ende herrschte Stille. Mein Herz klopfte wie wild vor Aufregung. »Jetzt wird sie mir bestimmt so richtig die Meinung geigen!«, dachte ich mit einem Kloß im Hals. Schon spürte ich, wie meine Augen sich mit Tränen füllten, als ich plötzlich eine sanfte Stimme zu mir sagen hörte: »Ich kann dich verstehen und bedaure sehr, was du alles durchmachen musstest.« Wie bitte? Ich traute meinen Ohren nicht. Bestimmt hatte ich mich verhört. Doch die sanfte Stimme fuhr fort: »Ich weiß inzwischen, was für ein Mensch deine Mutter ist. Nachdem sie es mehrmals geschafft hat, mich mit ihren Lügen an der Nase herumzuführen, bin ich ihr schließlich auf die Schliche gekommen. Ich bin wirklich sehr erleichtert zu hören, dass es dir gut geht. Sonst hätte ich dich nämlich in Kürze mithilfe von Interpol suchen lassen.« Noch immer konnte ich kaum glauben, was ich da hörte. Am liebsten hätte ich vor Freude einen Luftsprung gemacht. Doch das Beste kam noch. »Wenn du mir deine Adresse und eine Schwangerschaftsbescheinigung schickst und mir versprichst, dich in Zukunft gesetzestreu zu verhalten, bin ich bereit, dein Urteil aufzuheben. Wirst du das tun?« »Selbstverständlich! Ich verspreche es Ihnen. Und ich werde Ihnen alles umgehend per Post schicken.« Ich bedankte mich noch vielmals und legte auf. Völlig aus dem Häuschen hätte ich die ganze Welt umarmen können. Dass ausgerechnet diese kalt und unnahbar wirkende Frau so viel Verständnis zeigen würde, damit hätte ich nie gerechnet! Es war ein kleines Wunder. Endlich hatte jemand das wahre Gesicht meiner Mutter entlarvt und sich auf meine Seite gestellt! Nun konnte ich wirklich einen Schlussstrich unter meine kriminelle Vergangenheit setzen und mich unbeschwert auf mein neues Leben freuen. Ein überwältigendes Gefühl!

Als sich meine Hochstimmung ein wenig gelegt hatte, wurde mir jedoch klar, dass ich immer noch nicht ganz frei war. Ein Schritt blieb noch zu tun: Ich musste mit meiner Mutter sprechen. Noch am Tag meiner Abreise aus Polen hatte sie mir eingeschärft: »Du rufst mich sofort an, sobald du eine Unterkunft hast! Wenn nicht, erzähle ich den Bullen, wo du bist. Kapiert?« Das hatte ich allerdings. Auch aus der Ferne wollte sie mich kontrollieren. So einfach konnte ich ihr nicht entkommen. In dieser Hinsicht hatte ich mich geirrt, als ich bei Elas Vorschlag, nach Deutschland zu gehen, dachte, meine Mutter hätte dann keine Macht mehr über mich. Sie war wie ein Blutegel – einmal festgesaugt, ließ er nicht mehr locker. Wenn ich ihr nicht regelmäßig Geld schickte, hätte ich postwendend jede Menge Ärger am Hals.

Aus Angst, dass sie mich tatsächlich in Deutschland ausfindig machen könnte, hatte ich ihr gleich nach meiner Ankunft meine Telefonnummer gegeben. Drei Wochen später rief sie mich auch schon an und wollte wissen, wo das Geld bliebe. Da ich zu diesem Zeitpunkt bereits nicht mehr anschaffte, verdiente ich auch nichts mehr. Aber das durfte meine Mutter nicht erfahren. Was sollte ich also tun? Ich musste irgendwie Zeit gewinnen, bis ich eine neue Arbeit gefunden hätte. Und so versuchte ich, sie immer wieder zu beschwichtigen. »Bitte hab noch ein wenig Geduld, Mutter. Die Begleitagentur ist noch neu und muss erst anlaufen.« Doch von Problemen wollte sie nichts wissen. Auf dem Ohr war sie taub. Einzig und allein das Knistern eines Geldscheines ließ sie aufhorchen. Erbost darüber, dass der Rubel nicht so rasch rollte, wie sie das erwartet hatte, drohte sie mir natürlich erneut: »Sieh bloß zu, dass du mir bald die Kohle schickst! Sonst sorge ich dafür, dass du wieder in der Erziehungsanstalt landest.«

Selbst nach meinem Einzug bei Johann stand ich weiterhin mit meiner Mutter in Kontakt. Nun konnte ich ihr endlich Geld schicken – Johanns Geld. Auch das war unglaublich großzügig von ihm, zumal er keineswegs üppig verdiente und außerdem noch seinen Sohn versorgen musste. Auf die Dauer konnte das aber nicht gut gehen und so eröffnete mir Johann eines Tages: »Wir können es uns nicht länger leisten, deiner Mutter so viel Geld zu schicken, Jana. Das muss aufhören.« Ich wusste, dass er recht hatte, und versprach ihm, mit ihr zu reden. Doch erst jetzt, nachdem die Richterin das Urteil gegen mich aufgehoben hatte und meine Mutter mich nicht länger erpressen konnte, fand ich endlich den Mut, reinen Tisch zu machen.

Zwei Dinge lagen mir im Hinblick auf dieses Gespräch am Herzen: Zunächst wollte ich meiner Mutter von meinem neuen Leben, von Johann, meiner Schwangerschaft und unserer bevorstehenden Hochzeit erzählen und ihr erklären, warum ich ihr künftig kein Geld mehr schicken würde. Darüber hinaus wollte ich ihr endlich einmal sagen, wie tief sie mich all die Jahre über verletzt hatte. Vielleicht würden meine deutlichen Worte sie ja nachdenklich stimmen. Vielleicht würde sie die Misshandlungen und Gemeinheiten, die sie mir angetan hatte, bereuen. Und dann würden wir beide vielleicht doch noch irgendwann eine normale Mutter-Tochter-Beziehung führen können. Schließlich wurde sie nun ja auch bald Oma. Und welche Großmutter würde nicht gern miterleben, wie ihr Enkelkind heranwuchs?

Doch meine Mutter blieb sich selbst treu. Sie hatte keinerlei Interesse an einer Aussprache und versetzte mir sogar noch einen letzten Tiefschlag. Nicht nur, dass sie nicht den geringsten Anflug von Reue zeigte, jede Schuld an meiner schweren Kindheit und Jugend weit von sich wies und mich als freche Lügnerin beschimpfte – sie bestand sogar weiterhin auf ihren regelmäßigen Einkünften aus meiner Tasche. »Die wird sich niemals ändern«, dachte ich resigniert und sagte mit fester Stimme: »Ich verdiene nichts. Und Johann ist nicht mehr bereit, mir Geld für dich zu geben. Von uns bekommst du nichts mehr!« Daraufhin brüllte meine Mutter wutentbrannt ins Telefon: »Wenn der Kerl dich fickt, dann soll er gefälligst auch dafür bezahlen!« Ich war wie vom Donner gerührt. Vor Entsetzen brachte ich kein Wort über die Lippen. Wie erstarrt stand ich mit offenem Mund da. Tränen schossen mir in die Augen. Wie konnte sie nur etwas so Widerwärtiges sagen! Sie war wirklich abartig! Plötzlich spürte ich zum ersten Mal in meinem Leben, wie eine unbändige Wut gegen meine Mutter in mir aufstieg. Dieses Mal war sie definitiv viel zu weit gegangen! Ich würde nicht zulassen, dass sie meinen zukünftigen Ehemann beleidigte. Also holte ich tief Luft, straffte die Schultern und sagte mit einer Entschlossenheit, die mich selbst überraschte: »Ich lasse mich nicht mehr von dir erpressen! Du kannst mir nichts mehr anhaben! Du hast keinerlei Macht mehr über mich!« Daraufhin herrschte Stille. Mein mutiges Auftreten hatte meiner Mutter offenbar die Sprache verschlagen. Ich konnte mir ihr überraschtes Gesicht mit den weit aufgerissenen Augen nur zu gut vorstellen. Umso besser! Sie hatte ihr Gift schon viel zu lange verspritzt. »Da staunst du, was?!«, dachte ich zufrieden. »Ich bin jetzt eine erwachsene Frau und kein anhängliches, liebesbedürftiges Kind mehr.« In diesem Moment durchströmte mich ein großartiges Gefühl der Befreiung. Ich fühlte mich so stark wie nie zuvor. Jetzt hatte ich die Hölle meiner Kindheit und Jugend endgültig hinter mir gelassen. Ich war frei!

9. KAPITEL

Geschafft! – Das glückliche Ende

Wenn ich heute auf meine Kindheit und Jugend zurückblicke, wenn ich mir die Jahre der Misshandlungen, der kriminellen Abwege und der Prostitution noch einmal in Erinnerung rufe, bin ich zutiefst dankbar dafür, dass sich am Ende doch noch alles zum Guten gewendet hat. In meinen dunkelsten Stunden stand mein Leben auf Messers Schneide. In den schwärzesten Augenblicken hatte ich schon alle Hoffnung auf das Licht am Ende des Tunnels begraben und meine Verzweiflung mit Alkohol und Drogen betäubt. Doch immer dann, wenn ich glaubte, diese Hölle keinen Tag länger auszuhalten, tauchten tief aus meinem Inneren Bilder aus einer glücklichen Zeit auf. Der Zeit mit meiner Oma. Mit einem Mal sah ich ihr Gesicht mit dem sanften Lächeln vor mir, spürte ihren Gutenachtkuss auf meiner Stirn und hatte den Duft der frisch gewaschenen Kleidung in der Nase, die sie mir jeden Morgen bereitgelegt hatte. Diese Bilder gaben mir die Kraft durchzuhalten. Die Erinnerung an ihre Liebe, Fürsorge und Wärme war mein Rettungsanker, der verhinderte, dass ich in den tosenden Wellen meines aufgewühlten Lebens unterging. Meine Großmutter hat mir gezeigt, dass das Leben immer zwei Seiten hat. »Auf Regen folgt

Sonnenschein«, pflegte sie zu sagen, und so profan ihre Lebensweisheit auch klingen mag – ich bin ihr unendlich dankbar dafür. Sie hat ein Licht in meiner Seele angezündet, das bis zu meinem Lebensende brennen wird. Von ihr habe ich gelernt, dass man niemals aufgeben darf, egal wie aussichtslos die Situation auch scheinen mag. Mit ihrem großen Herzen und ihrer grenzenlosen Hilfsbereitschaft wird sie immer ein Vorbild für mich sein.

Heute bin ich mit einem wunderbaren Mann verheiratet, der meine Vergangenheit kennt und mich in allem, was ich tue, unterstützt.

Als ich Johann mit 17 Jahren geheiratet und mit 18 unsere Tochter Felicitas zur Welt gebracht habe, hätte ich nicht im Traum daran gedacht, dass ich mich drei Jahre später schon wieder scheiden lassen würde. Doch erst durch meine leidenschaftlichen Gefühle für Manuel habe ich erkannt, dass ich in meinem ersten, doppelt so alten Mann hauptsächlich den Beschützer gesehen hatte, nach dem ich mich meine ganze Kindheit und Jugend hindurch gesehnt hatte. Dazu kam die große Angst, nach meiner Flucht nach Deutschland zur Rückkehr nach Polen gezwungen zu werden und dort sowohl meine erpresserische Mutter als auch Adam, meinen kriminellen Ex-Freund, wiedersehen zu müssen – und mich der Polizei und der Justiz stellen zu müssen. In dieser Notlage war Johann mein sicherer Hafen. Er bewahrte mich vor dem Untergang. Und dafür bin ich ihm bis heute sehr dankbar. Doch Dankbarkeit ist eben keine Liebe. Johann war mein väterlicher Beschützer, Manuel ist mein Partner fürs Leben. Inzwischen weiß ich, dass ich keinen Beschützer mehr brauche, denn all das, was ich erlebt habe, hat mich stark gemacht. Glücklicherweise lernte Johann gerade zu dem Zeitpunkt, als ich mich in Manuel verliebte, ebenfalls eine andere Frau kennen, die in jeder Hinsicht besser zu ihm passte als ich. So ließen wir uns einvernehmlich scheiden und stehen bis heute in freundschaftlichem Kontakt. Nicht zuletzt durch Felicitas – unsere wunderbare Tochter – werden wir ein Leben lang miteinander verbunden bleiben.

Felicitas ist für mich das größte Geschenk auf Erden. Von dem Augenblick an, als ich sie zum ersten Mal im Arm hielt, wusste ich, dass ich alles für sie geben würde, sogar mein Leben. Felicitas ist genauso anhänglich, wie ich es einst war, und so führen wir eine sehr innige Mutter-Tochter-Beziehung. Doch obwohl ich sie behüte und beschütze, so gut ich kann, ist es mir gleichzeitig sehr wichtig, dass sie sich zu einem selbstbewussten und unabhängigen Menschen entwickelt. Ich genieße es mitzuerleben, wie sie heranwächst und allmählich beginnt, ihren eigenen Weg im Leben zu finden. Sie ist jetzt 15 Jahre alt – genauso alt wie ich, als meine Mutter mich dazu trieb, meinen Körper zu verkaufen. Ich werde wohl niemals begreifen, wie eine Mutter die Liebe und das Vertrauen ihres Kindes auf so abscheuliche Weise missbrauchen kann.

Selbst nachdem ich den Kontakt zu meiner Mutter abgebrochen hatte, hat mich die Frage, wie sie mir das alles antun konnte, noch lange Zeit beschäftigt. Sicherlich hat meine Oma sie als Kind zu sehr verwöhnt, sodass sie faul und bequem wurde. Zweifellos hatte auch mein brutaler, alkoholabhängiger Vater einen schlechten Einfluss auf sie. Und dazu kamen die Tabletten, die sich gewiss auf ihr Verhalten auswirkten. Doch das erklärt noch lange nicht diese Bösartigkeit in ihr. Woher kamen diese unglaubliche Aggressivität, Brutalität und Gewissenlosigkeit? Was um alles in der Welt hat meine Mutter dazu gebracht, ihre eigene Tochter so unmenschlich zu behandeln? Immer wieder grübelte ich darüber nach, wie sie mich mit den übelsten Beschimpfungen und fürchterlichsten Schlägen terrorisieren konnte, wie sie furchtbare Lügen über mich verbreiten konnte, wie sie mich aus purer Geldgier leiden lassen und mich sogar in die Prostitution treiben konnte – obwohl ich doch immer und immer wieder versucht habe, ihr mein Herz zu schenken. Wie konnte sie meine Liebe einfach mit Füßen treten? Wie konnte sie mir mein Leben derart zur Hölle machen?

Sooft ich mir diese Fragen auch stellte, habe ich keine befriedigende Antwort gefunden. Heute suche ich nicht mehr danach. Im Laufe der Jahre habe ich es geschafft, mich mit der Situation abzufinden. Ich weiß, dass ich meine Mutter selbst dann nicht ändern könnte, wenn ich die Antwort wüsste. Nur sie selbst könnte es. Doch das wird nie passieren. Bis heute hat sie sich nicht ein einziges Mal nach ihrem Enkelkind erkundigt. Sie weiß nicht einmal, wie Felicitas aussieht … Von einer Schwester meiner Oma habe ich erfahren, dass meine Mutter seit dem Selbstmord meines Stiefvaters immer wieder wechselnde Partner hat, von denen sie sich aushalten lässt. Ganz nach dem altbekannten Muster: Während die Männer arbeiten gehen, liegt sie zu Hause auf der faulen Haut oder wirft das Geld beim Einkaufen zum Fenster raus. Im Grunde ist meine Mutter ein zutiefst bedauernswerter Mensch. Aber nach allem, was sie mir angetan hat, ist es mir unmöglich, Mitleid für sie zu empfinden. Da sie sich nicht ändert, ja nicht einmal Reue zeigt, will ich nichts mehr mit ihr zu tun haben. Auch wenn es manchmal immer noch schmerzt, eine Mutter zu haben und sich dennoch wie ein Waisenkind zu fühlen. Den Wunsch nach mütterlicher Liebe werde ich wohl ein Leben lang in mir tragen.

Mit diesem Schicksal stehe ich nicht allein da. Es ist irgendwie tröstlich und traurig zugleich zu wissen, dass es überall auf der Welt zahlreiche Menschen wie mich gibt, die als Kinder von ihren Eltern aufs Grausamste gequält wurden. Allerdings habe ich festgestellt, dass beim Thema Kindesmisshandlung sowohl in Fachbüchern als auch in Biografien fast ausschließlich die Väter im Mittelpunkt stehen. Doch auch Mütter können durchaus dazu in der Lage sein, ihren hilflosen Kindern tiefe Wunden an Körper und Seele zuzufügen. Das beweist meine Geschichte, die auch ein wenig aufrütteln und den Blick für das Leid schärfen soll, das innerhalb einer Familie – mitten in der eigenen Nachbarschaft – geschehen kann.

Das Gefühl der Einsamkeit und Hilflosigkeit war während meiner schrecklichen Kinder- und Jugendjahre besonders schwer für mich zu ertragen. Daher wollte ich unbedingt einen Beruf ergreifen, in dem ich anderen Menschen beistehen und ein wenig Wärme und Freude in ihr Leben bringen kann. So betreue ich nun seit einigen Jahren Behinderte und hilfsbedürftige Menschen – eine Arbeit, die mich sehr erfüllt. Es ist ein wunderschönes Gefühl, ein Lächeln auf das Gesicht eines Menschen zaubern zu können. Für die Zukunft könnte ich mir allerdings auch sehr gut vorstellen, mit straffällig gewordenen Jugendlichen oder ausstiegswilligen Prostituierten zu arbeiten. Denn eines weiß ich genau: Kein junger Mensch klaut gern oder verkauft gern seinen Körper. Doch wenn man diesen Weg erst einmal beschritten hat, führt er unaufhaltsam nach unten. Es wird dunkler und dunkler, der Abgrund kommt näher und näher und man sieht nirgendwo einen Ausweg. In dieser Situation bleibt einem nur die Hoffnung auf eine helfende Hand, die jemand einem entgegenstreckt. Dieser jemand wäre ich von Herzen gern. Aus eigener Erfahrung weiß ich, dass jeder Mensch einen Neustart schaffen kann, wenn er bereit ist, für sein Glück zu kämpfen. Aber ich weiß auch, dass es kein leichter Weg ist und man viel Kraft und Zuversicht braucht, um sich seiner Vergangenheit zu stellen, alte Wunden zu verarbeiten und sich Stein für Stein ein neues Leben aufzubauen. Dabei würde ich gern helfen und den Menschen mit meiner eigenen Leidensgeschichte und meinem eigenen Happy End Mut machen, diesen Weg Schritt für Schritt zu gehen. Denn irgendwann ist es dann so weit: Man hat es geschafft, man fühlt sich in seinem neuen Leben zu Hause und weiß, dass einem die schwarzen Schatten der Vergangenheit nichts mehr anhaben können.

Wenn ich heute auf meine Unterarme blicke, sehe ich nicht mehr die Narben der vielen Wunden, die ich mir einst in tiefster Verzweiflung mit einer Rasierklinge zugefügt habe, sondern ich sehe Kirschblüten – in der ostasiatischen Kultur das Symbol für Schönheit und Freude. Diese Tattoos, die ich seit einigen Jahren trage, sind ein Sinnbild für mein heutiges Leben, in dem ich endlich das gefunden habe, wonach ich mich als Kind und Jugendliche so sehr gesehnt habe: Liebe, Glück und Geborgenheit.

Über die Autorin

Jana Koch-Krawczak wurde im Jahr 1978 in Nordpolen geboren und flüchtete nach Jahren der Misshandlung als 16-Jährige nach Deutschland. Heute ist sie glücklich verheiratet, sozial engagiert und teilt mit ihrer 16-jährigen Tochter die große Leidenschaft zum Volleyball. Sie lebt mit ihrer Familie in Süddeutschland.